V&R

Steven Paulson

Luther für zwischendurch

Illustriert von Ron Hill

Aus dem Englischen übersetzt
von Tina Bruns

Mit 82 Abbildungen

Vandenhoeck & Ruprecht

Übersetzung von
Luther for Armchair Theologians,
Louisville 2004

Bibliografische Information der Deutschen Nationalbibliothek

Die Deutsche Nationalbibliothek verzeichnet diese Publikation in der Deutschen Nationalbibliografie; detaillierte bibliografische Daten sind im Internet über <http://dnb.d-nb.de> abrufbar.

ISBN 978-3-525-63382-3

Umschlagabbildung: Ron Hill, 2004
www.RonHillArtist.com

Printed in Germany.
Satz: weckner media+print GmbH, Göttingen
Druck und Bindung: Hubert & Co., Göttingen

Gedruckt auf alterungsbeständigem Papier.

Darum auf Gott will hoffen ich,
Auf mein Verdienst nicht bauen;
Auf ihn mein Herz soll lassen sich
Und seiner Güte trauen,
Die mir zusagt sein wertes Wort;
Das ist mein Trost und treuer Hort,
Des will ich allzeit harren.

(aus: Martin Luther,
Aus tiefer Not schrei ich zu dir, EG 299)

Inhalt

Einleitung

Leicht mag in Vergessenheit geraten, dass Luther mindestens genauso revolutionär war wie Kopernikus. Er war sogar viel umstrittener. Luther wollte sich den Weg zur Erlösung selber bahnen und sich als Mensch immer mehr perfektionieren. Gott durchkreuzte alle seine Pläne mehrfach. Er drängte sich dazwischen, sodass Luther gar nicht anders konnte, als sich mit ihm auseinanderzusetzen, bis in den Tod. Der Kampf entzündete sich an der Frage, wie man einen gerechten Gott finde. Sie spottete aller nutzlosen Spekulation; als hätte man alle Zeit der Welt, um eine befriedigende Antwort darauf zu finden und als ob das Fragen nicht gefährlicher sein könnte als ein gutes Buch zu lesen. Als Luther nachbohrte und sich mit den falschen Antworten der Menschen um sich herum nicht mehr zufrieden gab, offenbarte ihm Gott etwas Atemberaubendes. Das war insofern hochbrisant als bislang ausschließlich die Kirche im Besitz der Wahrheit zu sein behauptete und ihre allein geltenden Antworten auf die großen Fragen direkt von Christus empfangen zu haben meinte. Luther wurde zur Konkurrenz.

Der Reformator entdeckte, dass Gott weder Werke und Leistungen noch Rechtfertigungen für eine selbst irgendwie zusammengestellte Religion oder Gegenreligion forderte. Der in sich selbst gerechte Gott ist nicht nur Gott für sich selbst, sondern er ist *dein Gott,* weil er dich *mit Worten* anspricht – nicht mit irgendwelchen Worten, sondern mit für dich bestimmten konkreten Anweisungen und Versprechen. Wenn Gott sich etwas in den Kopf gesetzt hat, ist das heilig, egal ob es Abraham, Maria, Petrus, Luther oder dich betrifft. So etwas verschreckt natürlich alle, die sich am liebsten ihre eigene Religion zusammenstellen. So ängstigte es auch Luther, dass Gott ihm seine penibel praktizierte christliche Religion zu nehmen schien. Luther sah sich als Opfer eines göttlichen Raubaktes. Was ihm zunächst wie ein ungeheurer Orientierungs- und Haltverlust für die alte Tradition der lateinischen Christenheit vorkam, offenbarte sich bald jedoch als gänzlich neue Perspektive auf das Ewige Leben durch die Auferstehung von den Toten. Jesu Vater hatte seinen Sohn gesandt, damit er für die Sünder, Luther eingeschlossen, sterbe, dass ihr Misstrauen ein Ende finde und aus den vergebenen Sündern neue Menschen mache.

Luthers Geschichte

Am Donnerstag, dem 18. April 1521, erreichte die *Luther-Affäre* eine Öffentlichkeit globalen Ausmaßes. An jenem Tag stand der vermeintlich inkonsequente deutsche Mönch Luther vor der ganzen Kirche und dem Heiligen Römischen Reich vor Gericht. Die Anklage lautete Gotteslästerung. Gefordert wurde ein Widerruf seiner Schriften. Der wiederholte Vorwurf, Luther erhebe Exklusivansprüche mit seiner Theologie, ließ ihn sein Schicksal im Angesicht der Menschen (er wollte weder seine Eltern enttäuschen noch auf dem Scheiterhaufen landen) und vor Gott (nichts lag ihm ferner als Gott zu lästern) bedenken.

Luther wusste jedoch, dass sein Fall mehr war als der einer einzelnen unruhigen Seele, die gegen diejenigen Mächte aufbegehrte, die jegliche Form von Individualität beschnitten. Die Stunde seines öffentlichen Prozesses wurde dem Wittenberger zum Schlüsselmoment seines großen Kampfes mit Gott und dem Teufel, und keiner war darüber überraschter als der Augustinermönch selbst. In Worms sprach Luther sein berühmtes Bekenntnis:

> wenn ich nicht durch das Zeugnis der Heiligen Schrift oder vernünftige Gründe überwunden werde [...] – denn weder dem Papst, noch den Konzilien allein vermag ich zu glauben, da es feststeht, daß sie wiederholt geirrt und sich selbst widersprochen haben –, so halte ich mich überwunden durch die Schrift, auf die ich mich gestützt habe, so ist mein Gewissen im Gotteswort gefangen, und darum kann und will ich nichts widerrufen, weil gegen das Gewissen zu handeln weder sicher noch lauter ist. Ich kann nicht anders, hier stehe ich, Gott helfe mir. Amen.[1]

Dass sich ein im Gotteswort gefesseltes Gewissen an die Schrift gebunden fühlt, hört sich nicht gerade nach Freiheit an. Der Aspekt der Freiheit der Schrift wurde jedoch nie isoliert oder nur auf das Individuum betrachtet, wie wir es uns heute vorstellen mögen. Wahrlich frei ist, wer sich von Christi Verheißung der Sündenvergebung gefangen nehmen lässt. Das scheint paradox, ist es aber nicht. Es ist wie mit einem Ohrwurm, nur dass statt des Gesetzesrefrains „Hast du auch genug getan?“ die Verheißung „durch Christus ist Gott dir gnädig“ ertönt. Wie kam es aber überhaupt dazu, dass das Wort Gottes Luther so fesselte?

Am 10. November 1483 erblickte Luther in Eisleben das Licht der Welt und wurde am darauf folgenden Tag auf den Heiligen Sankt Martin getauft. Die Familie zog kurz darauf nach Mansfeld, wo der Vater in einem Eisenberg-

werk zu arbeiten begann. Im Gegensatz zu den fürstlichen Höfen Europas, die in der Renaissance florierten, war das Leben der Familie Luther von dem täglichen Kampf ums Überleben gezeichnet und von der Angst um das Ewige Leben. Die spirituelle Grundregel der Kirche lautete: „Streng dich an, gib' dein Bestes; Gott tut den Rest." Gebetsmühlenartig predigte Gabriel Biel, einer der führenden Theologen der Zeit, den Menschen das *facere quod in se est,* „tu, was in dir ist". Aus Freundlichkeit akzeptiere Gott das als „genug". Nirgends sonst wurde dies klarer als in der Pflicht, mindestens einmal im Jahr zur priesterlichen Beichte zu gehen. Zur Begleichung der Sünden hatte der Büßer vom Priester auferlegte Bußtaten zu verrichten. Das konnte etwa die Anbetung einer Heiligen sein, das Beten von Rosenkränzen oder Vaterunsers und Ave Marias oder Pilgerfahrten zu heiligen Orten und deren Reliquien.

Das religiöse Zentrum der Familie Luther war die katholische Messe, die von einem ordinierten Priester in der Gemeinschaft mit seinen Bischöfen und dem Papst gehalten wurde. In der Messe galt es, Gott ein Opfer für die Sünden der Menschheit darzubringen. Autorisiert wurde sie allein durch das Papstamt, das, so die Tradition, bis in die Zeit des Petrus, des ersten unter den Jüngern, also in die Zeit Christi selbst, zurückreichte. Im Grunde war das Messopfer ein Gebet, das sich im Laufe der Zeit um die Abendmahlsworte, Jesu letzte Worte zu seinen Jüngern, entwickelt hatte. Lange war dieser Akt des Messopfers so heilig und abgerückt vom einzelnen Sünder, dass der Gemeinde der Kelch aus Angst vor Missbrauch vorenthalten wurde. So entstand die Praxis der „Augenkommunion", einer Art mystischen Teilhabe der Gläubigen am Kreuzesopfer Christi durch bloßes Betrachten der Hostie bei der Elevation durch den Priester im eucharistischen Hochgebet. Selbst die Messe, die ein Priester allein feierte, galt als gültiger Akt der Sündenbefreiung, sowohl für dieses Leben als auch für die nächste Stufe, dem Fegefeuer. Im sog. Purgatorium erhielten die noch nicht gerechtfertigten oder verfluchten Seelen ihre letzte Chance, den hohen Berg des Gehorsams zu erklimmen und sich der Sünde zu entledigen. Darüber stand nur noch der Papst als Vorsteher der gesamten Christenheit. Er war Gönner und Förderer, Motor, auch mal Blockierer; er konnte religiöse Vielfalt unterstützen, Reformbewegungen und verschiedenste religiöse Gruppen protegieren oder gar ins Leben rufen – vorausgesetzt, sie hielten ihm und seiner Autorität als Stellvertreter Christi auf Erden und Herr der Kirche, der er aufgrund des so genannten göttlichen Rechts war, die Treue. Das Papstamt galt als von Gott selbst eingesetzt, ein göttliches Mittel, deshalb „göttliches Recht", um das Gesetz auf neue in der Geschichte auftretende Situationen auszuweiten. Lehrmeinungen konnten auseinanderklaffen, sogar in Bezug auf die Bedeutung der Messe, Papsttreue nicht.

Das religiöse Leben und eine Neuentdeckung

Die vielleicht offensichtlichste Präsenz der Kirche zu Luthers Zeit war wohl der beispiellose Klosterboom, ein enormer Anstieg an Klöstern und monastischen Gemeinschaften. Das vielseitige Bildungsangebot der Klöster war eine Vorzeigedienstleistung für die Armen. Die Klöster selber hatten sich aber auf desaströse Weise zu einer „höheren Form“ des religiösen Lebens entwickelt, mit der sie sich über die alltägliche christliche Berufung zu Vätern, Müttern, Anwälten, Ärzten etc. stellten. Durch seine eigene schulische Laufbahn kannte Luther diese religiösen Gemeinschaften sehr gut. Ohne die höhere, zudem sehr gute Ausbildung wäre er akademisch vielleicht nie so weit gekommen. An der Universität Erfurt erwarb er 1505 seinen Magister und schloss ein Jurastudium an. Seine ursprünglichen Pläne, v.a. die seines Vaters, änderten sich jedoch schlagartig. Luther kam gerade von seinen Eltern, als er auf dem Rückweg zur Schule von einem schweren Unwetter überrascht wurde. In seiner Angst schwor er der Heiligen Anna, der Schutzheiligen der Bergbauern, er werde als Mönch ins Kloster gehen. Sein Vater war aufgebracht über diesen radikalen Richtungswechsel, verstand aber später die Entscheidung seines Sohnes als Opfer an Gott und konnte damit ganz gut leben.

Luther verschenkte all sein Hab und Gut, trat in den Orden der observanten Augustinermönche in Erfurt ein (das waren die besonders strengen) und wurde Bettelmönch. Er machte seine Sache gut. „Wenn ein Mönch den Himmel gewinnen könnte, wäre ich der Erste unter ihnen“ stand ihm wie auf die Stirn geschrieben. Bald darauf (in den Schmalkaldischen Artikeln von 1537) sollte er diese religiöse Praxis jedoch als „menschliche Erfindung [...] weder befohlen noch nötig oder nützlich – die zudem gefährliche und nutzlose Anstrengung erfordert“ verurteilen. Am Ende kamen auch der Papst, die Messe, Pilgerfahrten, Gebete zu Heiligen, Bruderschaften, das Fegefeuer und das Bußsystem unter den Hammer – alle diese Praktiken, so sein Vorwurf, verdrängten Christus und setzten sich an seine Stelle.

In seiner Klosterzeit wurde Luther Priester und begann, die Messe zu halten. Dass die Klosterbrüder ihn schnell als Führungsperson betrachteten, bewahrte Luther nicht davor, sich auf die falsche Seite der Klosterpolitik zu schlagen und sich unbeliebt zu machen. So schickte man ihn nach Wittenberg an die Uni – umgeben von viel Dreck und allerlei Trunkbolden. „Das wird mein Tod sein!", entrüstete sich Luther gegenüber seinem Ordensvorgesetzten und Beichtvater Johannes von Staupitz. So war es auch in gewisser Weise. Die Welt war im Umbruch, Luther kurz davor, sich dem Gericht Gottes zu stellen, und auch die Universitäten standen vor großen Umwälzungen. 1512 erlangte Luther die Doktorwürde. Er wurde öffentlich auf die Bibel vereidigt und musste geloben, nur die wahre Lehre zu vertreten und Ketzer, Abweichler von der orthodoxen Lehrmeinung, sofort zu melden. Innerhalb weniger Tage sollte er den Bibelunterricht übernehmen, die höchste der theologischen Disziplinen, und die vielen anderen Verpflichtungen als Prediger auf mehreren Kanzeln, als Lektor bei den Gemeinschaftsmahlzeiten, Klosteraufseher, Messe Feiernder, Vorsteher bei den Stundengebeten und Briefeschreiber.

Mit großem Eifer widmete er sich den Bibeltexten, die sich ihm in völlig neuem Licht präsentierten. Trotz seines religiösen und spirituellen Eifers überraschte Luther seine

Entdeckung des *Evangeliums,* das sich vom *Gesetz* unterschied. Nur Christus mache Sünder vor Gott gerecht, durch den Glauben allein, d.h. ohne dass der Mensch Werke des Gesetzes leisten müsste. Dass Luther fortan immer wieder auf diese Offenbarung des göttlichen Willens in der Schrift stieß, ließ ihn seine bisherige Theologie gründlich überdenken. Um die Verheißungen, die er in der Bibel fand, überliefern zu können, sollte sich alles ändern, seine Predigt, seine Messfeier, sein Bußurteil und sein Anspruch an gute Werke.

Dies führte zu einer Reihe bahnbrechender Erkenntnisse über die kirchliche Praxis, mit der er aufgewachsen war. Die Tatsache, dass Johannes Tetzel 1517 in Wittenberg den „Ablass" predigte, war nur einer der Gründe für Luthers öffentlichen Feldzug.

Ablass, Fegefeuer und Messopfer stellten Verlängerungen des päpstlichen Armes und seiner Autorität dar, die biblische Lehre auf Gebiete auszuweiten, über die keine eindeutigen Aussagen vorlagen. Sie waren auch Ausweitungen der gesteigerten Bußpraxis, die statt der Verheißung der Sündenvergebung wie ein Gesetzesurteil gepredigt und verlangt wurde. Zunächst zögerlich stellte sich Luther gegen Papsttum und Buße, dann jedoch mit umso schärferer Entschlossenheit, die ihn bis zu seinem Lebensende begleiten sollte. Am 31. Oktober 1517, so die Legende, schlug Luther 95 Thesen gegen den Ablasshandel an das Hauptportal der Schlosskirche zu Wittenberg. An deren Anfang die berühmten Worte „Da unser Herr und Meister Jesus Christus sagt: ‚Tut Buße' usw. (Matth. 4,17), wollte er, daß das ganze Leben der Gläubigen Buße sein sollte."[2] Luther begann, die Theologenzunft in zwei Lager aufzuteilen: Auf der einen Seite standen diejenigen, die das Wort Gottes des Evangeliums von dem des Gesetzes zu trennen wussten (die sog. Kreuzestheologen, Anhänger der *theologia crucis*) und auf der anderen die, wie Tetzel, die dies nicht vermochten (die Verfechter der *theologia gloriae*).

Zwischenzeitlich waren auch Papst und Kurienkardinäle im Vatikan auf den Aufsehen erregenden deutschen Mönch aufmerksam geworden. Im Herbst 1518 wurde Luther zu einem Gespräch mit Kardinal Cajetan zitiert und gebeten, seine Fehler einzugestehen und seine Äußerungen zu Ablass, Autorität des Papstes über die Schrift und Rechtfertigung allein aus Glaube zu widerrufen. Aber Luther dachte ja gar nicht daran, selbst unter Androhung von Gefängnis, Exkommunikation und Schlimmerem nicht.

Für Luther folgten Jahre intensiver Auseinandersetzung mit der Schrift. Gleichzeitig erhöhte sich der Druck von außen, dass er seine Lehre einstelle. Ganz im Sinne seines neuen Kurses veröffentlichte Luther in der Zeit um 1520 Schriften, die heute als seine bedeutendsten gelten, die sog. Reformatorischen Hauptschriften: *Von der Babylonischen Gefangenschaft der Kirche* über den Umgang der Kirche mit den Sakramenten und eine Neuorientierung dieser im Licht des Evangeliums; *An den christlichen Adel deutscher Nation* sprach den Priestern ihre Zugehörigkeit zu einer besonderen Klasse ab und behauptete, dass ihre Autorität zu vergeben alle Gläubigen zu Priestern des Reiches Christi mache; und *Von der Freiheit eines Christenmenschen* widmete sich dem Status des Christen vor der Welt und vor Gott, der gleichzeitig Sünder und gerecht ist *(simul iustus et peccator)*, gerechtfertigt allein durch Christus, und der, wie ein Baum, gute Früchte trägt, die er in den Dienst der Mitmenschen und der Welt stellt.

In den 1520er Jahren erhöhte sich der Druck von außen. Luther stand unter dem Schutz des Territorialherren, dem Kurfürsten Friedrich dem Weisen von Sachsen, der sich für die Wahrheit theologischer Angelegenheiten und gegen die Misshandlung deutscher Bürger und Lehrer seiner Universität seitens des vatikanischen Elfenbeinturms einsetzte. Trotz des kurfürstlichen Schutzes war Luther 1521 schon zweimal verbannt worden – zunächst vom Vatikan und dann, nach dem berühmten Prozess in Worms, auch vom Heiligen Römischen Reich und seinem Kaiser Karl V. Mit Veröffentlichung der päpstlichen Bulle *Exsurge Domine* 1520 wurde Luther exkommuniziert. In dem darauf folgenden Frühling eröffnete der Kaiser den Prozess. Luthers Verteidigungsrede begann mit den legendären Worten: „Hier stehe ich. Ich kann nicht anders. Gott hilf' mir. Amen."

Luther war sich ziemlich sicher, wie sein Reformvorgänger Jan Hus der Ketzerei angeklagt zu werden und auf dem Scheiterhaufen zu verenden. Friedrich hatte jedoch vorgesorgt. Er ließ den Reformer auf seinem Weg nach Wittenberg, wo er seines Endes harren sollte, von seinen Leuten kidnappen und versteckte ihn fortan auf der Wartburg, in einer der Burgen des Kurfürsten. Luther konnte sich mit diesem Plan zunächst nicht anfreunden. Die Zeit seiner „Inhaftierung" nutzte er jedoch fleißig und übersetzte die Bibel ins Deutsche. Die Schrift sollte nicht nur einem Kreis von Gnostikern vorbehalten sein, sondern – in der Sprache des Volkes – veröffentlicht werden und als Gottes eigenes Wort eine weite Verbreitung unter den Sündern finden.

Die Universität Wittenberg und die Neuen Kirchen

An einer Front bekämpfte Luther die alte Religion, die Christus mit ihrem Papstamt, den Messen, der Buße und den Mönchen förmlich unter sich zu begraben schien. An der anderen beobachtete er eine Reihe aufstrebender „Reformer", Tyrannen, die die Kirche bereinigen wollten und zu gewalttätiger Rebellion gegen die politischen Herrscher aufriefen. Andreas Karlstadt, ein Universitätskollege Luthers, war einer der ersten, die eine Reform forderten, unmittelbar gefolgt von Thomas Müntzer, der später den Bauernkrieg 1524–1525 mit anführte. Der beunruhigendste Aspekt dieser Reformtyrannen (Luther nannte sie „Fanatiker" und „Schwärmer") war noch nicht mal der Terror, den sie verbreiteten, sondern die mysteriösen „Offenbarungen", die ihnen angeblich von Gott zukamen. Es ist schwierig, mit jemandem diskutieren, der von sich glaubt, Gottes neuer Kanal des Geistes zu sein, durch den er Visionen und besondere Botschaften vom Himmel schickt, wie Müntzer es behauptete. Müntzer erzählte den Bauern, dass der Ärmel seines Mantels die Geschosse der Prinzen auffingen und der Bauernaufstand erfolgreich sein würde. Nichts von dem war natürlich wahr. Der Bauernaufstand wurde gnadenlos gestoppt und Müntzer hingerichtet. Druck und Tyrannei konnten also auch von Reformern aus gehen. Luther entschied sich endlich nach Wittenberg zurückzukehren, um mit den wahren Autoritäten seiner Reformen zu verhandeln und sowohl Gesetz als auch Evangelium zu *predigen.* Gottes Veränderungen würden durch das Wort geschehen. Er sagte seinen Gemeinden, dass Liebe nichts erzwinge, sondern uns diene. Glaube komme allein durch Christi Verheißung. Luther stellte seine Sicht dar und erläuterte wie Gott die Werke der Menschen und wie er ihren Messias, Jesus Christus, fernab jeglicher Werke, beurteile.

So führte Luther die evangelische Sache an. Ausschließlich das gepredigte Wort zählte, nicht der Klassenkampf oder durch gewalttätigen Aufstand „bereinigte" Regierungen. „Ich habe nichts getan," erklärte Luther, „das Wort tat es alles gehandelt und hat es ausgericht. Denn ich hett wollen mit ungemach faren, ich wolt Teutsch landt in ein groß plut vergiessen gebracht haben, ja ich wollt zu Wurmbß ein spil angericht haben, das der fehler mit sicher wer gewesen."[3] Die Vehemenz, mit der sich Luther gegen die Aufstände der kleinen Leute als einer Art, sich politische Freiheit zu erkämpfen, aussprach – zumal er, gemäß der Bibel, Regenten den Gebrauch des Schwertes nicht verbat – wird Luther bis heute vorgeworfen. Er entwickelte seine eigene Form des Widerstands gegenüber den Autoritäten, jedoch keine, die die Macht eines Rachezugs in die Hand des Volkes legte.

Von seiner Rückkehr nach Wittenberg 1522 bis zu seinem Tod 1546 ging Luther seiner Berufung als Lehrer der Kirche nach und bekämpfte verbal die Papisten auf der einen und die „fanatischen" Reformer auf er anderen Seite. Er predigte, kümmerte sich um die Belange Einzelner sowie der ganzen Kirche, lehrte Bibelexegese und stritt mit seinen Gegnern. Kurz, er half, die Kirchen in „evangelische" Gemeinschaften zu verwandeln, in denen das Evangelium im Zentrum stand – Kirchen, die sich schließlich auf der ganzen Welt ausbreiteten und dies bis zum heutigen Tage tun.

Kapitel 1

Am Anfang war ein Prediger ...: Was heißt Verkündigung?

Wie sollen sie aber an den glauben, von dem sie nichts gehört haben? Wie sollen sie aber hören ohne Prediger?

(Römer 10,14)

Von innen nach außen

Philosophieren beginnt damit, dass ich erkenne, dass ich eigentlich gar nichts weiß. Ich weiß, dass ich nichts weiß, heißt es schon bei Sokrates. Von dort aus versucht der Philosoph einen festen Wissensbestand darüber aufzubauen, was sich nicht verändert, was statisch in der Welt existiert. Garant dafür, dass Erkenntnis nicht auf falschen Parametern gründet, ist der Skeptizismus. Er hinterfragt und zweifelt. Allein aus einer gewissen Skepsis heraus lässt sich das Wahre erkennen (oder zumindest Unwahres aufdecken). Diese Art der Betrachtung setzt stets im tiefen Inneren eines Menschen an. Sie blendet alle Einflüsse von außen aus und konzentriert sich ausschließlich auf das, was reell erscheint – das ist, so Sokrates, „das untersuchte Leben". Descartes sagte, er „meditiere", als er, von nicht enden wollenden Religionskriegen erschöpft, eines Tages am Kamin zur Ruhe kam und seine Waffe, den Zweifel, auspackte.

Eigentlich funktioniert Theologie genauso. Sie betrachtet das Innenleben eines Menschen und versucht, dort eine Kraft auszumachen, die auf ein *Bild Gottes* (imago dei) oder auf *Spuren der Trinität* hinweist, auf etwas, das nicht von der Sünde verdorben ist, etwas, das sich nicht anzweifeln lässt. Von dort aus entstehen komplexe Gedankengebäude, deren Hauptbaustein neben den theologischen Innenansichten die Offenbarung Gottes in der Schrift ist. Viele Theologen stimmen mit den Philosophen überein, dass der „freie Wille" den wahren Kern des Menschen ausmache. Luther behauptete das Gegenteil; er hielt den freien Willen für den Ursprung jeder einzelnen Sünde. Der freie Wille als direkter Gegner Gottes. Er nannte das „Schwärmerei", fromme Um-sich-selbst-Kreiserei. Da werde nicht das Wort Gottes in den Vordergrund gestellt, sondern das Ego des Menschen und seine eigene Patchwork-Religion. Adam und Eva taten dergleichen – das war der Ursprung der *Ursünde*. Die Sünde wiederholt sich in Gestalt ständiger Mutationen desselben Grundproblems – genau wie eine Theologie, die, so Luther, in sich selbst gekrümmt ist, wenn sie der Welt erklärt, was sie von ihrer eigenen Nabelschau zu berichten hat.

Luther setzte *außerhalb* des Menschen an. Nur da sei Gewissheit zu finden, und zwar beim Heiligen Geist und „jenen Dingen, die uns durch Gott in den heiligen Schriften überliefert sind". Davon bilde man sich „eine feste Meinung", der man „beständig anhängen, sie bekräftigen, bekennen, verteidigen und unerschüttert bei ihr ausharren" müsse. „Beständig anhängen" bedeutet wie Klebstoff an etwas Äußerem zu kleben. „Unerschüttert ausharren"[4] heißt, am geliebten Leben festzuhalten. In Bezug auf Wahrheitsfindung klingt diese Sprache schon komisch, aber es wird noch obskurer. Der Heilige Geist „sammelt, erleuchtet, heiligt“ und erhält die Sünder bei Jesus Christus „im rechten, einigen Glauben“,[5] die sich nicht selbst retten oder keine richtige Beziehung zu Gott aufbauen können, so schreibt es Luther in seinem bekannten *Kleinen Katechismus*. Der Sünder hat das ständige Gefühl des Sinkens, er nimmt die Welt als Durcheinander wahr, das ihn gefangen nimmt. Der hinzukommende Heilige Geist erleuchtet ihn. Er arbeitet nicht mit dem, was schon im Menschen selbst angelegt ist, als stecke der Keim der Wahrheit in ihm und müsste nur noch herausbefördert werden.

Von außen nach innen

Luther glaubte tatsächlich, der Heilige Geist würde ihm einen *Prediger* senden – einen Gesandten mit Gottes Wort im Gepäck, der sanften Schrittes seine Nachricht über die Berge trage, wie es Jesaja formulierte. Er bringt einem keinen Rat oder vermittelt das Gefühl, dass man die Wahrheit schon in sich trägt und man sich nur mit seinem inneren Licht in Verbindung setzen muss. Ein Prediger ist wie ein Nachrichtensprecher, der Neuigkeiten hat. Er bringt radikal Neues. Hier geht es nicht etwa um eine fixe Idee oder ein Wortspiel; es geht um die Verkündigung dessen, was Gott schon getan hat, eine Entscheidung. Überraschenderweise kommt diese Entscheidung in Form von historischen Schlüsselereignissen. Das erste ist Gottes Gericht über dich und die Welt und sein Befund, dass uns das Böse gefährlich ummantelt. Der „Tag des Herrn“, wie es in der Bibel vom Letzten Gericht heißt, ist mit dem Kommen des Predigers schon angebrochen. Das sind die schlechten Nachrichten. Gottes Prediger fährt aber fort. Neben dem Gericht erwirkt Gott etwas radikal Neues, indem er Jesus Christus von den Toten auferweckt. Er vergibt dir, weil sein Sohn Jesus Christus den Tod bezwungen hat. Der

Heilige Geist schickt einen Prediger, um dir Jesus Christus als Vergebung der Sünden und die Verheißung einer neuen Schöpfung zu übermitteln. Das sind die guten, wenn auch unerwarteten, Nachrichten.

Ohne einen solchen Prediger wirst du dich in dir selbst verlieren, von Zweifel und Skepsis getrieben, denn alles scheint sich dann zu relativieren (je nachdem, welche Stimme im Kopf gerade spricht). Wir können diese von der Skepsis hervorgerufene Verwirrung zwar kontrollieren, indem wir anderen und ihrem Anderssein mit Toleranz begegnen. Wenn Toleranz aber alles ist, was wir haben, verhält es sich letztlich wie der Prediger sagt: „Es ist alles eitel, es ist alles ganz eitel.“ (Prediger 1,2) Paulus formuliert das härter. Ohne einen Prediger gebe Gott die Menschen auf und überlasse sie dem, was in ihnen ist: ihren Gelüsten, der Geringschätzung ihrer Körper; den Lügen, mit denen sie die Wahrheiten über Gott übertönen und der Verwirrung, die durch den Gottesdienst über sie hereinbricht. Alles steht Kopf! Schließlich verehren die Menschen Dinge und Geschöpfe und instrumentalisieren Gott für ihre eigenen Zwecke (Römer 1,24–25).

Für Luther bedeutet Wahrheit, mit seinem Leben zuerst am gepredigten Wort zu hängen und nicht in seinem Innersten danach zu suchen und verschiedene Möglichkeiten zur Herauszögerung des Endgerichts zu erwägen. Vertrauen ist Vertrauen – die rechte Beziehung mit dem realen Gott, der außerhalb unserer selbst ist, aber uns in der Predigt nahe kommt. Wenn wir als Menschen einander auch nur etwas mehr kommunizieren als unsere Vorlieben, Abneigungen und unsere subjektiven Empfindungen, dann muss das, was wir da kommunizieren, von Gottes Wort her kommen. Und genau das ist es, was uns unterbricht, uns herauslockt aus unserer Höhle mit einer *externen* Verheißung, die *ins* Herz hineinspricht. Großartig das biblische Versprechen, dass jeder, der im Namen Gottes wandelt, gerettet werde (Joel 2,32). Von dort aus lässt sich Folgendes schließen:

> Wie sollen sie aber den anrufen, an den sie nicht glauben? Wie sollen sie aber an den glauben, von dem sie nichts gehört haben? Wie sollen sie aber hören ohne Prediger? Wie sollen sie aber predigen, wenn sie nicht gesandt werden? Wie denn geschrieben steht (Jesaja 52,7): „Wie lieblich sind die Füße der Freudenboten, die das Gute verkündigen."

Und Paulus endet mit den Worten, die den Kern der lutherischen Theologie ausmachen: „So kommt der Glaube aus der Predigt, das Predigen aber durch das Wort Christi." (Römer 10,14–17)

Etwas zu beginnen bedeutet stets, noch einmal zum Start zurückzugehen (unabhängig davon, ob es sich dabei um Theologie oder das eigene Leben handelt), so Luther. Also beginnen wir mit Gottes Wort als Gesetz und Evangelium, kommen aber vielleicht nie darüber hinaus. Der

Geist trägt nicht nur Sorge dafür, dass den Menschen ein Prediger gesandt wird, sondern auch, dass sie diese Predigt als persönliche Botschaft *für sich* verstehen. Die Bibel macht ganz deutlich, was Gott verheißt, für wen die Verheißung gilt und durch wen sie kommt. So löst sich Luther von der reinen allegorischen Auslegung der Bibel und grundlegenden Deutungstheorien, denn für ihn ist klar: Der Heilige Geist sendet einen Prediger mit Worten, die genau passen – Worte, auf die man niemals selbst käme.

Gottes ständige Störung

Zwei der bekanntesten Sätze in der Bibel beginnen mit „am Anfang". Die Bibel beginnt in Genesis 1,1 mit den Worten: „Am Anfang *schuf* Gott ..."; der zweite eröffnet die Jesusgeschichte im Johannesevangelium: „Am Anfang war das *Wort.*" Luther ist der Überzeugung, dass Gott, indem er sein Wort in die Welt sendet, nicht nur der Welten Lauf anstößt und erhält, sondern diesen tatsächlich stört und *unterbricht,* indem er ein neues Wort spricht. Gott entschuldigt sich nicht für abrupte Unterbrechungen. Im Gegenteil, die Verärgerung darüber, wie die Menschen mit der Schöpfung umgehen, macht ihn umso entschlossener zu stören, den Lauf der Welt zu unterbrechen. Mit der Kreuzigung seines Sohnes Jesus Christus setzt er eine klare Zäsur. Diese reißt die Welt auf, sie zeigt ihr wie alt sie ist (und dass sie zu ihrem Ende kommt) im Lichte der neuen Schöpfung, die in Christus beginnt: „Dies ist mein geliebter Sohn; hört auf ihn." Die Weltmächte, so verschieden und gespalten durch Kultur und individuelle Neigung sie auch sein mögen, vereinen sich, um Jesu' Botschaft entgegenzutreten: „Die Zeit ist erfüllt, und das Reich Gottes ist herbeigekommen. Tut Buße und glaubt an das Evangelium!" (Markus 1,15)

Oft scheinen nur die Schwachen und Verstoßenen, die Verängstigten, Dreckigen, Machtlosen, Prostituierten,

Zöllner und Sünder ein Ohr für Jesus zu haben. Sie haben kaum etwas zu verlieren, aber Unermessliches zu gewinnen, wenn es stimmt, dass Jesus tatsächlich Sünden vergibt und den Tod besiegt hat. Die Sünder schenken also Gottes unterbrechendem, ja geradezu störendem Wort Glauben. Glaube ist das Vertrauen auf Worte, die bislang unsichtbar sind, aber am letzten Tag des Sieges Christi über „diese böse Welt“ (Galater 1,4) offenbart werden.

Dieser Sieg gibt der neuen Schöpfung des Geistes Raum, wenn die Mächtigen von ihrem Thron gestoßen und die Niedrigen erhoben werden (Maria besingt das in Lukas 1 und Miriam in 1 Samuel 2). Gottes Worte tauchen in zweierlei Gestalt auf: als *Gericht* über das Alte, Unrechte und Zukunftslose und als *Verheißung* einer neuen, gerechten, ewigen Welt der durch Christus vergebenen Sünder. Theologie und das Leben selbst sind stets auf dem Hintergrund dieser Unterscheidung zwischen Alt und Neu zu sehen. Wenn es um uns als Sünder geht, bedeutet das: „Der Herr tötet und macht lebendig“ (1 Samuel 2,6).

Zugegeben, diese Beschreibung mag ein bisschen komisch klingen, wenn man sie zum ersten oder zweiten

Mal hört. Sie ist ein besonderer Fall dessen, was Theologen „eschatologisch" (der letzten Dinge) bzw. sogar „apokalyptisch" (zu Gottes letztem Gericht gehörend) nennen. Das tatsächliche Problem sind jedoch nicht diese ungewöhnlichen Worte. Luther fand, dass Gottes entschiedene Störung dieses Lebens einen Gegensatz zu grundlegenden, wenn auch veralteten, Glaubenssätzen bildet:

- Dass die Welt sich in Richtung eines höheren Ziels weiterenwickle;
- dass Menschen das ausmache, was sie tun;
- dass die Menschheit ewig existiere und sich ihre autonomen Individuen selbst erlösen können (indem sie immer höher zielen, Stufe um Stufe, ihre Träume verfolgen oder einfach Tag für Tag in allen Bereichen besser werden);
- dass Freiheit Selbstbestimmung des eigenen Schicksals bedeute oder schlicht eine Sache des Glücks (Schicksals/Zufalls) sei;
- dass Gott die Auserwählten mit Wohlstand belohne und die unwürdigen Verlierer strafe (Verdienstmodell);
- dass der Tod durch gute Taten zu bezwingen sei (nach der Goldenen Regel) oder durch mystische Partizipation in Gottes Sein (wie ein winziger Tropfen, der in den großen Ozean des Lebens fällt) – wenn nicht direkt, dann durch wiederholtes Versuchen (vgl. Wiedergeburt).

Wenn wir von einem „guten", „tugendhaften" oder besonders „spirituellen" Leben reden, meinen wir doch meistens, dass dies durch Befolgen dieser kleinen Grundsätze zu erreichen ist. Im Gegensatz dazu meinte Luther, dass sich die Welt etwas vormache, wenn sie vom Fortschritt träume, aber in ihrem Handeln Gottes Wort entgegenstünde.

Menschen seien keine ewig existierenden Individuen, die durch immer größere Werke gerecht und heilig werden. Im Gegenteil, Gottes Wort deckt das Böse und Dunkle dieser Welt, nicht, weil das „Material“ der Schöpfung oder ihre Gesetze, Ämter oder Mächte (wie die Manichäer lehrten) an sich schlecht wären, sondern weil sich der *Glaube der Welt* auf die falschen Dinge richtet. Für Luther waren alle, die dem Tod und der Auferstehung des einzigen Sohnes Gottes folgten, Menschen der „letzten Tagen“, in denen Christus durch die Augen des Glaubens allein „gerecht“ und „gewiss“ ist und des letzten Tags geharrt wird. An diesem Tag wird alles offenbar werden, das jetzt noch in den Bereich des Glaubens fällt. Für den Moment bleibt die Theologie jedoch von dem Kampf zwischen alt und neu in dieser Welt bestimmt.

Die Mächte dieser alten Welt (der Teufel, die Welt und unser sündiges Selbst) fechten den Glauben konstant an. Zum Entsetzen vieler beobachtete Luther, dass *selbst* Gott (außerhalb seines Wortes, außerhalb Christi) uns mit

Anfechtungen konfrontiert, „seine Heiligen kochend und röstend“, sodass nur der Glaube an Christi Verheißung der Vergebung, mitgeteilt durch einen Prediger, vom Tod zum Leben befreit. So fühlt es sich an in diesen „letzten Tagen“, in denen wir entweder ängstlich darauf warten, dass der Hammer fällt (durch Schicksal oder Zufall) oder vorfreudig auf die Enthüllung dessen gespannt sind, was wir zurzeit nur glauben können – dass Gott gerecht ist, indem er seine Feinde nicht nur liebt, sondern ihnen in Christus auch noch vergibt. Wir kriegen schon mal einen Vorgeschmack auf den theologischen Spaß, der uns erwartet, wenn wir uns Luthers Kontrastmodell zu den weltlichen Träumen anschauen:

- Die Welt entwickelt sich nicht weiter; sie endet und wird neu geschaffen.
- Menschen macht nicht das aus, was sie tun, sondern das, wozu sie von Gott berufen sind.
- Menschen sind nicht ewig existierende, sich selbst erlösende Lebewesen, sondern passiv vor Gott. Sie werden getötet und auferweckt und gehen niemals über die Taufe hinaus.
- Freiheit bedeutet nicht, dass wir unser eigenes Schicksal in die Hand nehmen (noch nicht einmal mit Gottes Hilfe). Freiheit bedeutet Geist gegebenes Vertrauen in Christus, das uns zu Herren über alle Dinge und Dienern aller Menschen macht.
- Jesus war ein Verlierer unter „Gewinnern“ und wurde dafür getötet; doch das Kreuz wurde zum Sieg über selbstgerechte Sünder.
- Der Tod wird nicht durch Werke überwunden, sondern durch den gekreuzigten und auferstandenen Christus, der sich seinen Verrätern als Vergebung der Sünden im Abendmahl hingibt.

Diese Behauptungen fordern wirklich heraus. Vielleicht niemanden so sehr wie eine selbstgerechte Gesellschaft, die daran glaubt, von Gott auserwählt zu sein, weil sie es verdient hat.

Kapitel 2

Gesetz und Evangelium: Die zwei Worte Gottes

Siehe, das ist das Lamm Gottes.

(Johannes 1,36)

Der Mund und Finger des Johannes: zwei Absolute

Am vierten Advent 1533 hielt Luther im Kreise seiner Familie und Freunde eine Predigt über Johannes, den Vorläufer und Verkünder Christi. Die Bibelstelle, die er zugrunde legte, zeigt in aller Kürze, was es heißt, wenn ein Prediger tatsächlich vom Heiligen Geist gesandt ist. Viele mögen sich als weise Lehrer ausgeben, spirituell besonders Beflügelte oder vermeintliche Kenner eines ihnen anvertrauten Geheimnisses. Wie lassen sich aber echte Prediger von reinen Schaumschlägern unterscheiden? Das Alte Testament wusste wie man die „Geister schied“: Wenn das, was der Prediger verhieß, eintrat, war's Gottes Wort. Luther wandte genau das auf das Neue Testament an und beobachtete, dass wahre Predigt allein Jesus Christus in den Mittelpunkt stellt. Jesus ist alles in allem. Der Prediger lässt sich, theoretisch zumindest, einfach testen: Stellt er Christus auf eine Stufe mit dem himmlischen Vater und dem Heiligen Geist? Der Vater gibt seinen Sohn dahin, ganz und gar, und der Heilige Geist bezeugt Jesus Christus, exklusiv und bedingungslos. Der Heilige Geist und der Vater stützen Christus. Luther formulierte das so:

> Denn es ist von Gott beschlossen, dass in diesem Mann [Jesus Christus] alles gar sein soll. Er ist der Weg, die Wahrheit und das Leben. Durch ihn sind alle Patriarche, Propheten und Apostel selig geworden vom Anbeginn der Welt. Solches weiß Johannes, weist deshalb seine Jünger zu ihm, dass sie solchen Schatz nicht versäumen.[6]

Das Problem liegt auf der Hand. Wenn es irgendetwas gibt, was Denker nach der Aufklärung stört, dann die Behauptung, es gäbe etwas Absolutes. Und hier werden gleich zwei Absolute postuliert. Was hat die Welt Gott *(coram deo)* unterm Strich denn vorzubringen? Was lässt sich mit Gottes Anforderungen, was lässt sich an seinen Gesetzen messen? Was ist heilig? Nichts. Gar nichts. Was die Welt wirklich hervorbringt, ist nicht nur unvollkommen, vor Gott ist es Sünde – nicht weil die Schöpfung schlecht ist, aber weil die Menschen ständig verführt werden, ihr Herz an andere Götter als an Jesus Christus zu hängen.

Der Brief des Apostels Paulus an die Römer gibt dies in seinen ersten drei Kapiteln aufs dramatischste wieder. Er behauptet, dass Gott die Taten der Menschen vergelten werde. Seit Christi Tod kann diese Vergeltung nicht mehr bezweifelt werden: „Sie sind allesamt Sünder und erman-

geln des Ruhmes, den sie bei Gott haben sollten" (Römer 3,23). Alle? Ja, *alle*. Keiner weiß davon oder glaubt es bis es von einem wahren Prediger, wie Johannes, gesagt wird, auch wenn die Worte etwas streng klingen:

> Gute Werke sollen wir tun und derselben uns auf das höchste fleißen, denn also hat's Gott verheißen und befohlen in den Zehn Geboten. Aber wenn es dahin kommt zu diesem Mann, davon Johannes hier predigt, da soll man's ihm vor die Füße werfen und mit Johannes freien Herzens bekennen, man sei nicht wert, Christus die Schuhe zu binden.[7]

Alles, was wir und die Welt hervorbringen, fällt in den Bereich der *Sünde*. Die wird an Jesus Christus übergeben. Und dieser, und jetzt wird's noch skurriler, akzeptiert sie als seine eigene und stirbt für sie den schmachvollen Tod am Kreuz. Dort, an ihm, werden die Sünden getilgt. Luther findet das nicht so sonderbar. Auch heute weisen Menschen Christus ab, genau wie es seine Freunde taten, die Christus verließen, als er verraten und ans Kreuz geschlagen wurde. Denn auch heute werden die, die sein Wort verkünden und danach leben, Christi Boten, Pfarrer, Kirchenleute und andere, bewusst ignoriert. Die Predigt des ersten Grundsatzes konzentriert sich auf das *Gesetz*. Sie zeigt den Hörern ihre Grenzen vor Gott auf und stellt ihren Tod vor Gottes ewiges Gericht. Tot zu sein bedeutet handlungsunfähig zu sein. Sobald die Predigt zu ihrem Ende kommt, ist nichts mehr zu tun. Das Gesetz wird in der Predigt von außen zum Menschen gebracht. Es soll kein Gefühl von Unzulänglichkeit hervorrufen, sondern teilt eine Botschaft mit, die die Sünde wie unter einer Lupe vergrößert. Das Gesetz bricht sein Urteil nicht über den Menschen, sondern über die Sache.

Der erste Grundsatz lautet, dass du in dir selber vor Gott nicht gerecht sein kannst und dass dir alles, was du hast und bist, zur Sünde wird. Der zweite ist noch bedeutender: Wir sollen auf Christus schauen und uns auf ihn, nur auf ihn, unseren Herrn und Erlöser, konzentrieren. „Lasst uns aber sehen auf den Finger des Johannes, mit dem er uns weiset, auf dass wir unsern Herrn und Seligmacher Jesus Christus nicht übersehen und sein nicht verfehlen.“[8] Johannes der Täufer weist mit seinem langen, knochigen Zeigefinger von sich weg auf Jesus: „Siehe, das Lamm Gottes, das hinwegnimmt die Sünde der Welt.“ (Johannes 1,29) Christus vergibt dir alle Sünden, indem er dir seine eigene Gerechtigkeit wie einen Mantel überlegt – das ist die Gnade, die dich von den Toten auferweckt. Luther beschreibt den Übergang des Sünders vom Reich der Sünde und des Todes zum Reich der Gerechtigkeit und des Lebens mit drei Worten: *Christus, Glaube* und *stellvertretende Zurechnung* der Gerechtigkeit Christi. *Allein Christus* ist vor dem himmlischen Vater gerecht. Christus nimmt die Sünde und ihr vernichtendes Urteil weg und bedeckt sie, sodass der Vater sie vergisst. Wenn der himmlische Vater schließlich am letzten Tag zum Gericht kommt, sieht er nur seinen Sohn. Was der dir überträgt, ist seine *eigene* Gerechtigkeit. Das ist nur leider nicht direkt messbar, deshalb ist der *Glaube,* der allein an Christus hängt, so wichtig.

Luther findet diese zentrale biblische Lehre in unterschiedlichen Ausdrucksformen. Es gibt nicht nur eine, sondern zwei Arten von Gerechtigkeit. Das sollte einen schon aufhorchen lassen. Es klingt ja gerade so als benutze Gott zwei verschiedene Punktelisten, eine für das reguläre Gesetz, das jeder über die natürliche Einschätzung von richtig und falsch in sich trägt, und eine andere für die, die es beim Hören der göttlichen Verheißung empfangen.

„Jesus Christus ist nicht der neue Mose." Christus verbessert nicht das Gesetz; er bringt etwas radikal Neues. Er bringt die *Rechtfertigung allein aus Glauben, jenseits der Werke des Gesetzes.* Für Luther handelte es sich hierbei nicht etwa um einen beliebigen Lehrsatz der Kirche, sondern um den „Hauptartikel", mit dem das Königreich Christi der vergebenen Sünder – die Kirche – stehe oder falle. Nebenbei ließ sich damit auch die Wahrhaftigkeit eines Predigers testen. Entweder er predigte die Rechtfertigung allein aus Glauben an Christus, oder der Prediger war entlarvt.

Mitten in der Predigt stellte sich Luther manchmal die Frage, warum seine Gegner ihn nicht in Ruhe ließen, ihn, der doch sowieso schon exkommuniziert und zum Tode verurteilt war. Obwohl sonst fast alles toleriert wurde, was nur den leisesten Schimmer von „Gerechtigkeit“ hatte, zeigte weder Kirche noch Welt Luther gegenüber Offenheit und Akzeptanz. Luther wusste, warum. Weder Welt noch Kirche waren bereit zuzugeben, dass menschliches Dasein und Tun an sich wertlos sind für Gott. Sie würden doch nie eingestehen, unwürdig zu sein, „seine Schuhe zu binden“, noch würden sie behaupten, dass Gott alle Sünde auf Christus lade, um sie zu besiegen.

Was also passiert mit einem wie Johannes oder Luther, der eine solche Botschaft übermittelt? Die Welt, und die schon damals in gewisser Weise säkularisierte Kirche gehörte dazu, versucht, sich des Botschafters zu entledigen, genau wie sie es mit Jesus taten, denn was er zu sagen hatte, war erstmal beleidigend und schien paradox. Seine Botschaft ist einerseits absolut *exklusiv* (Christus allein), andererseits ausnahmslos *inklusiv,* denn sie schließt alle, die gesündigt haben, ein (und das sind nun einmal alle). Außerdem ist die Botschaft nichts, was der Mensch unter Kontrolle hätte, sondern etwas, das Vater, Sohn und Heiliger Geist für ihn tun. Schlimmer noch, sie ist nicht nur außerhalb deiner Kontrolle; sie betrifft deinen verstorbenen Leib. Provokanter könnte es nicht sein. Was wäre, wenn einem so ein Prediger nicht begegnet? Was, wenn der Heilige Geist einige auserwählt und andere nicht? Was ist dann mit deinem Gott? Gott würfelt doch nicht, oder? Es kann doch nicht sein, dass Gott so unfair ist und etwas so Geringem wie einem gepredigten Wort so viel Bedeutung beimisst, oder? Was ist mit dem freien Willen? Wenn die Rechtfertigung aus Glauben tatsächlich allein Gesetz und Evangelium voneinander trennt und das der Kern ist, müsste die Welt dann nicht auf dem Kopf stehen?

Bevor wir uns den Fragen widmen, die eine solche Art von Predigt unwillkürlich aufwirft, gilt es, sich noch einmal genauer mit den sog. „Hauptartikeln“, der zentralen Lehre des Christentums also, auseinanderzusetzen: *Rechtfertigung allein aus Glaube, jenseits der Werke des Gesetzes.* Grundlegend dafür ist die Unterscheidung von „Gesetz“ und „Evangelium“.

Ontologie: Singen auf einem Ton

Wenn ein tauber Mensch zu singen versucht, kann das für sein Publikum sehr schmerzhaft sein. Wenn aber ein Theologe nur einen Ton singen kann, und zwar den des Gesetzes, ist das nicht nur schmerzhaft, sondern tödlich. Diese Art Theologen verstehen Gottes Plan gerne als Test für den Menschen, mit dem er die Spreu vom Weizen trennt. Sie deuten Gottes Geist, die Ordnung des göttlichen Heilsplans und wie der Mensch dort hineinpasst, *wenn* er das Spiel nach den Regeln Gottes spielt. Die Kirche und ihre Oberhäupter übernehmen die Rolle des Schiedsrichters, der entscheidet, wer gerettet wird und wer nicht, wer den Test also besteht und wer nicht. Mit dieser Denkweise lässt sich Luther und seine Unterscheidung von Gesetz (überholt) und Evangelium (mit Jesus Christus neu angebrochen) nicht begreifen.

Wer gedanklich ausschließlich eine Spur verfolgt und im gesetzlichen Rahmen verharrt, denkt *ontologisch.* Alle Geschöpfe in der Natur sind Teil einer größeren Hierarchie, einer Seinskette, die von Gott bis zum kleinsten Atom reicht. Manchmal bezeichnet Ontologie auch die Vorstellung eines großen gesetzlichen, mystischen Verlaufs der Geschichte (wie z.B., dass alles Leben von Gott ausgeht und im Lauf der Zeit wieder zu ihm zurückkehrt), die Gott dient, um zu verstehen, wer er wirklich ist – in seinem Sich-Ausstrecken und Zurückkehren, einem Zyklus, der sich in Miniatur unter den Menschen auf Erden wiederholt. Geht es um die Zielgerichtetheit einer Handlung, wird das als *teleologisch* bezeichnet (*telos* heißt auf griechisch Ziel). Diese folgt auch einer bestimmten Gesetzlichkeit. So entspringt das Leben einem Samenkorn und richtet sich auf ein bestimmtes Ziel aus, auf das es sich hin entwickelt. Die einfachste Gesetzesform in der Theologie (die es sich aber wohl ein bisschen leicht macht) verortet Gnade und Wohlwollen Gottes in der Schöpfung selbst. Wenn das so wäre, wären dem Menschen, als Teil dieser Schöpfung, allein durch seine Geburt Gnade und Wohlwollen Gottes eigen. Er müsste sich nur auch selbst von seiner Schönheit, seiner Güte und seiner Selbstgerechtigkeit überzeugen. Das könnte ganz schön einsam machen. Eigenlob stinkt ja bekanntlich. Und außerdem: So einfach ist es nicht.

Es sei denn, diese ontologischen Welten würden auf den Kopf gestellt und führten zu einer neuen Denkweise. Allen, die ausschließlich in ontologischen Bahnen kreisen, wird Luther immer ein Rätsel bleiben. Am Ende wird man das Gefühl haben, nur geschaffen worden zu sein, um von Gott getestet zu werden. Unwillkürlich drängen sich dann lauter Fragen auf: Welche Religion ist die beste? Vielleicht keine? Wie stelle ich fest, ob ich Gottes Plan richtig gefolgt bin? Wie kann ich sicher sein, dass ich das Ziel erreiche? Gibt es Extrapunkte oder so etwas wie Fleißkärtchen in diesem Test? Vielleicht gibt es gar keinen Gott, oder bin ich Gott?

All diese langweiligen Legalisten repräsentieren eine klassisch ontologische Lebensphilosophie, eine „Leitertheologie". In ihrer Vorstellung sind wir hier *unten* auf Erden und klettern an einer spirituellen Leiter *empor,* um am Ende zu Gott zurückzukehren. Die verschiedenen Theorien betrachten die grundlegenden Merkmale des Seins alle unter dem Aspekt des freien Willens. Dieser, so betonen sie gern, sei der wahre Kern aller Theologie. Die über den Willen entwickelte imaginäre „Substanz" bzw. die „Gemeinschaft/Kommunion" mit Gott treibt dich die Leiter hoch (bzw. ihr Spiegelbild: der Versuch, sich selbst so vollkommen zu entleeren, dass Gott die Selbstverleugnung belohnungswürdig findet). Es ist egal, ob diese Art des Denkens eher protestantisch individualistisch oder vielmehr römisch-katholisch kollektiv geprägt ist. Die einen reden vielleicht mehr über ihre persönliche Beziehung mit Jesus, die anderen über Aufnahme und Einführung in die Kirche. Entscheidend ist, dass die grundlegende Struktur der Beziehung zwischen dem Menschen und Gott immer gleich bleibt. Philipp Melanchthon, Luthers Wittenberger Freund und Kollege, meinte, diese Denkweise hebe das Gesetz unverhältnismäßig stark hervor, weil sie nicht erkenne, dass die Schrift nicht aus einem, sondern aus zwei Worten bestehe: dem Gesetz und dem Evangelium.

Für Luther kam die Hervorhebung des Gesetzes einem Menschen mit einem Blechrohr gleich, der versucht, Christus zu lobpreisen. Ergebnis ist der immer gleiche Ton, der den Gehorsam unter Gottes Befehl endlos wiederholt: „Du musst dich für Christus entscheiden" oder „Gehorche der Glaubensregel in Gemeinschaft mit der ganzen Kirche." Irgendwann verstummt das Singen und macht der Monotonie Platz, sich nur noch selbst zu feiern. Legalisten singen Gott ständig etwas von sich selbst vor und davon, was sie alles können und tun. Es *geschieht aber nichts*. Das ist wie mit dem Mann, der seiner Frau immer wieder verspricht, dass er die Garage aufräumen werde, es aber nie macht. Diese leere Selbstgerechtigkeit stinke zum Himmel, so Luther. Sie lasse Christus außer Acht, ja sie lasse ihn regelrecht am Rande stehen wie einen alten, ungebrauchten Wagen.

Zwei Töne, nicht einer

In einer Theologie, die über das Gesetz hinausdenkt, erübrigt sich die Beschäftigung mit dem Willen des Menschen. Nicht der freie Wille, sondern der Teufel und der Tod seien Gottes Feinde, so Luther. Heutzutage mag es etwas eigenartig klingen, wenn man vom Teufel und einer apokalyp-

tischen Endzeit spricht. Schwefel, Feuer und Höllenquallen assoziiert man heute doch nur noch mit obskuren Scharlatanen und unglaubwürdigen Fernsehpredigern. Der Mensch verbindet das Böse lieber mit dem Zufall, mit den Verfehlungen der menschlichen Freiheit und gescheiterten Glaubensprüfungen. Im Zuge des schicksalhaften Versuchs eines Legalismus-Hoppings – bei dem man von einem „guten" Werk zum nächsten hastet und damit meint, das Gesetz zu erfüllen – drängte die Vernunft den Teufel in die Ecke des kulturellen „Mythos" und entledigte sich seiner mit der Begründung, er sei bloß eine Projektion verängstigter Geister, die die von der Wissenschaft offen gelassenen Lücken stopfen wollten. Auch sie kannte nur einen Ton.

Dann kam der Holocaust – ausgelöst von einer der höchst entwickelten Gesellschaften dieser Welt. Gleichzeitig begann das Nuklearzeitalter. Man fing an, sich mit der Gesamtauslöschung der Weltbevölkerung zu befassen. Der Teufel, der die breite Öffentlichkeit sucht, nahm wieder Einzug in die Sprache, die das Böse nicht mehr auf den Missbrauch des freien Willens reduzieren konnte. Luther hätte sich nicht vorstellen können, Gott ernst zu nehmen, wenn er nicht auch den Teufel ernst genommen hätte. Ebenso wenig konnte er sich vorstellen wie sich Gottes Wort verstehen ließe, ohne dass man sich bewusst machte, dass Gott eine klare Zäsur setze: Er beendet die alte Welt und lässt eine neue beginnen. Sich die Zeit als langen, zu Perfektion oder Unendlichkeit führenden Strahl ohne Anfang und Ende vorzustellen, sei gern bemühtes „Mythen"-Gut, das die nackte Wahrheit über den eigenen

bevorstehenden Tod und das nahende Gericht Gottes zu übertünchen versuche. Für Luther lässt sich alles nach „alt" und „neu" unterscheiden. Die Rechtfertigung durch Christus spiele sich jenseits des Gesetzes ab. Das ist schwer zu verstehen und lässt sich so schnell auch nicht historisch-kritisch auflösen; auch nicht über die naturwissenschaftliche oder rationale Erforschung der menschlichen Möglichkeiten, Gott zu erkennen, ihn zu erfühlen oder sich willentlich für ihn zu entscheiden. Es sprach viel für Luther; ob man will oder nicht. Für ihn bedeutete Erforschung und Erkenntnis Gottes, dass man bereits in Bedrängnis war. Und deshalb ist der einzige Weg des Schwimmenlernens der Sprung ins kalte Wasser.

Kosmische Rebellion

Luthers *Ein feste Burg ist unser Gott* kennt wohl jeder aus der Kirche:

> Ein feste Burg ist unser Gott,
> ein gute Wehr und Waffen.
> Er hilft uns frei aus aller Not,
> die uns jetzt hat betroffen. (EG 362)

Dieses Lied ist eine Umschreibung des 46. Psalms und zugleich eine Predigt desselben. Luther sah in diesem Psalm Gottes apokalyptische Verfluchung und gleichzeitig eine wunderbare Verheißung. Er vertraute auf Gottes Hilfe. Für ihn befand sich die Welt in einer kosmischen Schlacht, in der ein grausamer Tyrann die alte, böse Welt in die letzte Phase einer unvorstellbar gewaltigen Revolution führte. Sie war die letzte Zuckung eines gigantischen Widerstandes gegen den Schöpfer, der die Felsen im Wasser wanken und das Meer toben ließ und die Welt zu ihrem Ende bringen sollte. In dieser alten Welt sah sich Luther selbst und alle anderen unter dem Joch dieses alten bösen Drachen (der auf Erden seinesgleichen sucht), neben dem weder Mann noch Frau bestehen konnte.

Gottes einzige Waffe im Kampf gegen Teufel und Sünder (und ihre Idole) ist sein *Wort,* das uns zur rechten Zeit zukommt – Fleisch geworden in Jesus Christus. Mit einem Wort, dem Kleinsten, Schwächsten und scheinbar Flüchtigsten dieser Welt, schlägt Christus für uns die Schlacht. „Rute und Ohrfeigen mögen meine Knochen brechen, aber Worte werden mich nie verletzen," meint ein uralter Spruch zu wissen. Jesus zeigt, dass das nicht stimmt, wenn es um Gott geht. Jesus kam, um zu vergeben. Das

Wort verurteilt alle Gegner Christi; und mehr noch: Es verheißt den Sieg Christi *dir zum Wohl.* Christus kämpft auf deiner Seite. Die schlichte Aussage der Vergebung deiner Sünde wird dir wie auf einem Tablett serviert. Für Luther ist die ganze Schrift und das Geheimnisvolle des göttlichen Willens, Fügung und Schicksal selbst Vergebung der Sünden. Dieses kleine Wort unterwirft den mächtigen Teufel, der sich seiner Macht in der Welt trotz Rage und Zorn nicht erwähren kann.

Was hat Gott da getan, um die rebellischen, teufelsbesessenen Sünder zu erlösen? Alles. Gott hat alles getan. *Rechtfertigung allein aus Glaube* ist das Kürzel für den Glauben, der Gott in diesem unglaublichen Akt der Vergebung als den Gerechten begreift. Der Glaube allein zollt Gott seine Gebühr, und so findet Luthers Lied weit mehr als nur den einen Ton des Gesetzes, um Gott im Lobgesang zu preisen.

Kapitel 3

Rechtfertigung allein aus Glauben

Denn darin (d.i. im Evangelium) wird offenbart die Gerechtigkeit, die vor Gott gilt, welche kommt aus Glauben in Glauben; wie geschrieben steht (Habakuk 2,4): „Der Gerechte wird aus Glauben leben."

(Römer 1,17)

Wenn jeder einen Prediger braucht, um zu hören, und das Hören den Glauben hervorbringt, wie hat Luther von Gott gehört? Wo kam seine Theologie her? Luther war in der Kirche aufgewachsen, aber, wie er selbst bemerkte, begrub das Gewicht der Kirchenlehre Christus förmlich unter sich. Wie kam es also zu seiner revolutionären Theologie? Die Forschung zu Luthers Durchbruch, der sog. *reformatorischen Wende,* belegt zweierlei: Luther war nicht allein, ihm gingen Menschen voran, die seine Theologie entscheidend vorzeichneten und prägten, besonders die Bibelkommentatoren von Hieronimus bis Gabriel Biel, die der lutherischen Reformation gleichsam den Boden bereiteten. Zweitens reihte sich Luther aber nicht einfach in eine Reihe bekannter Kirchenreformer ein. Er entwickelte keine neue Denkschule innerhalb der römischen Kirche wie etwa Wilhelm von Ockham, Thomas von Aquin oder die Konziliaristen; auch das Motiv eines John Wyclif oder eines Jan Hus, zwei frühe Reformer, die die Kirche von Grund auf erneuern wollten, war ihm fremd. Seine Theologie konzentrierte sich vor allem auf die Unterscheidung von Gesetz und Evangelium. Keiner seiner Vorgänger oder Mitstreiter richtete sich so dezidiert darauf aus.

Luthers Sache

Im Laufe seines Lebens fand Luther immer wieder Gelegenheit, die Anfänge seines Aufstandes gegen die Kirche zu reflektieren. „Dass ich auf die Unterscheidung zwischen Gesetz und Evangelium stieß, war mein *Durchbruch*."[9] Er war sich sicher, dass Gott mehr von ihm wollte als eine simple Kirchenreform. Mit Wucht hatte sich ein Herrschaftswechsel vollzogen. Gott hatte ihn der Macht des falschen Herrn entrissen und dem wahren übergeben. Er hatte ihn sterben und wieder auferstehen lassen. Daraus zog Luther all seine *Hoffnung*. Gott hatte ihn nicht weggescheucht, sondern mit beiden Beinen in die Welt gestellt als eine göttliche Maske, einen Lieferanten der einzig wirksamen Medizin für kranke Seelen: den *Glauben an Gott* und die *Nächstenliebe*.

Die Theologie vor Luther, sowohl die Scholastik als auch die Theologie der Mönchsorden und die Mystik, vermischte Gesetz und Evangelium. Luthers ausdrückliche Unterscheidung hatte direkte Folgen für das Glaubensbekenntnis und die Auslegung der Bibel selbst. Er begann, die ganze Lehre jeweils nach ihrer Aussage über *Jesus* zu beurteilen. Wenn Jesus eindeutig als Sündenvergeber gezeichnet war, war es ein wahrer Evangelientext. Blind vertrauen konnte man übrigens Paulus und Johannes, Jesaja und Mose. Sie galten als vertrauenswürdige, wahre

Zeugen. Wenn jemand Jesus ausschließlich als Richter darstellte oder ihn völlig ignorierte, wie z.B. Jakobus, lehnte ihn Luther als „strohig“ ab. Bis heute ist Luthers Entfaltung biblischer und kirchengeschichtlicher Kritik imposant. Wer würde sich heute wagen zu behaupten, ein bestimmtes biblisches Buch eigne sich lediglich dafür, einen Hühnerstall (verbal) auszumisten?

Ein komischer Vogel

Als Luther seinen Lebensabend herannahen spürte, verfasste er eine kleine Autobiographie, die gemeinsam mit einer Sammlung seiner theologischen Top Ten als *Vorwort zu den lateinischen Schriften* erschien. In ihr blickt Luther zurück auf den Beginn seines Prozesses, auf „unsere Sache“, wie er sie nannte. Zuerst, erinnert er sich, sei er ganz allein gewesen und eher zufällig an diesen Aufbruch geraten.[10] Luthers Alleinkämpfertum war den Kirchenführern ein Dorn im Auge: „Bist du etwa der einzige, der das alles weiß?“, riefen sie ihm hinterher. Luther ging durch die Hölle. Der Druck half ihm letztlich jedoch, Klarheit darüber zu erlangen, worauf alles aufbaute: *Christus allein rechtfertigt Sünder aus Glauben allein* – ohne Zutun des Gesetzes –, sonst ist alles verloren. Es war Luther egal, wie viele Leute seine Sache unterstützten oder wie viele sich, wie zahlreiche Kirchenleute, dieser zu Tage gebrachten Wahrheit widersetzten. Ihm war auch egal, ob ein Konzil oder sogar ein biblisches Buch das Gegenteil behaupteten. Luther dachte oft an den berühmten Moment während des vierten Laterankonzils, als die gesamte Kirchenführung auf drei Bischöfe geschrumpft war, die sich nicht dem Arianismus verschrieben hatten (die Lehre des Arius galt als ketzerisch). Die wahre Kirche bestehe zuweilen eben nur aus getauften Kindern, die die falsche Lehre noch nicht verdorben hat. An Massenwirkung und Alter ließ sich die Wahrhaftigkeit einer Predigt nicht messen.

Die jüngste Forschung sucht Luthers Besonderheit an seiner extravaganten Persönlichkeit festzumachen. Über das psychologische Profil des Reformators ist viel geschrieben worden, auch über die sozialen Lebensbedingungen des Spätmittelalters. Aber selbst die Fülle an Literatur vermag nicht zu erklären, warum Luther der Mensch war, der er war. Auf erfrischende Art berichtet Luther selber von den „Begleitumständen“ seines Lebens. Er sei *gefesselt* gewesen – weniger von einer inneren Sehnsucht, ernsthaften Schuldgefühlen oder revolutionärem Eifer, als von einer außergewöhnlichen Leidenschaft für Paulus in seinem Brief an die Römer. Diesen wollte er unbedingt verstehen.[11] Das war kein innerer Kampf, sondern ein ganz entschieden äußerer. Umso bemerkenswerter, dass Luthers Sache eigentlich nur mit einem kleinen Wort begann: *Gerechtigkeit.*

Er war der Gerechtigkeit im Brief des Paulus an die Römer begegnet: Der Gerechte wird aus Glauben leben. Luther war ein seltsamer Vogel, denn er nahm das biblische Wort so ernst, dass es ihn buchstäblich tötete, wie er einem Freund schrieb.[12] Es fällt schwer, das zu begreifen. Für uns sind Texte doch nur Ausdruck einer persönlichen

Meinung. Wir versprechen uns Information, und wenn diese ausbleibt oder unsere Erwartungen enttäuscht, legen wir sie weg. Für Luther aber stand Paulus unnachgiebig da mit Worten, die er 1500 Jahre zuvor seiner Gemeinde gepredigt hatte. Ihre Aussage stellte die Weltordnung, mit der Luther aufgewachsen war, völlig auf den Kopf. Paulus beraubte Luther förmlich seiner Gleichung *Gnade + Glaube + Liebe + Werke = Erlösung* und setzte das einfache *Glaube = Erlösung* dagegen. Luther sah darin zunächst eine Simplifizierung, gegen die er sich sträubte. Paulus war ihm ein zu großer Stein auf dem Weg zur Freiheit. Aber Paulus blieb stur.

In diesem Zusammenhang sollte man im Hinterkopf behalten, dass Luther kein in sich gekehrter Mensch war, der sich selbst ein schlechtes Gewissen machte; auch waren es keine persönlichen Dämonen, mit denen er da kämpfte. Heute würde er uns sicher wie ein Angeber vorkommen und nicht wie eine gequälte, sensible, nach Bestätigung suchende Seele: „Mein Mönchsleben war tadellos," sagte er. Luther betrieb keine Nabelschau, verurteilte sich auch nicht selbst. Er fand jedoch Anstoß an der Schrift und warf Paulus tobend vor, Unsinn zu predigen. Luther musste lernen, dass das Gewissen kein moralischer Kompass eines aktiven Willens ist, der uns die richtige Richtung weist. Das Gewissen ist vielmehr eine passive Form des *Verortetseins* in der Welt, ein Mittel, mit dem Gott dem Menschen, indem er ihn beim Namen ruft, einen festen Platz in der Welt zuweist. Die Schlüsselerfahrung hier ist die des *„Gefangen-Seins"* bzw. des Gefangengenommen-Seins von dem vermeintlichen Feind. Das Gewissen steht nie allein da, ist nie nur Angelegenheit des Einzelnen, sondern Gottes Beziehung mit dem Menschen als seinem Geschöpf, das *durch das Wort* in die Welt kam. Luthers eigenes Gewissen wurde ihm zum Kampf mit „dem Evangelium". Von Gott gefangen genommen zu sein, bedeutete fortan mit Tod *und* Leben, Gesetz *und* Evangelium zu tun zu haben.

Die Auseinandersetzung mit Paulus

Zu Luthers Zeit war die „Gerechtigkeit“ Dauerthema in der Kirche. Was Paulus aber mit Gerechtigkeit meinte, wurde oft missverstanden und sinnentfremdet. Es war zwar eindeutig die Aufgabe der Kirche, den Menschen zu vermitteln, wie sie vor Gott gerecht werden konnten; doch gerade sie scheiterte an den Ansprüchen des Evangeliums. Luther erschütterte das Unvermögen der Kirche zutiefst. Seine Entrüstung war der Bewegung hin zu dem „lebendigen Gott“ (Hebräer 10,31) diametral entgegengesetzt. Die Schrift erschien ihm in einem total neuen Licht; nicht nur dank des Perspektivenwechsels. Luther war davon überzeugt, dass er eine Entwicklung erlebte, die ihn mit sich riss, vom Tod ins Leben, von einem Herrn zu einem anderen, mit unsäglicher Wucht.

Was wollte Paulus mit der Rede von Gottes Gerechtigkeit sagen? Selbst heute tun wir uns mit seiner Interpretation schwer. Unser Leben fängt nicht bei Null an, unsere Identität ist keine *tabula rasa.* Wir wachsen mit dem Gefühl auf, „selbstgerecht“ zu sein. Bei Gerechtigkeit assoziieren wir üblicherweise Sätze wie „Das ist richtig, das ist recht so.“ Vielleicht versuchen wir auch, ein Verbrechen schön zu reden. Wenn wir aber über das Leben an sich nachdenken und uns fragen, was das Leben lebenswert macht oder was der einzelnen Seele Frieden gibt, reihen wir uns ein in die lange Tradition philosophischer und theologischer Reflektionen zu diesem Thema. Weder der Abend- noch der Morgenstern sei so wunderbar wie die Gerechtigkeit, befand Aristoteles. Immanuel Kant posaunte provokant heraus, dass die Pflicht einem das Gesetz vor Augen halte, das seinen Eingang ins Bewusstsein finde. Nur davon leite sich der Wert des Menschen ab.

„Recht“, „aufrecht“, „richtig“ – das sind alles Begriffe, die man aus dem Handwerk oder dem Hausbau kennt. Ein Handwerker legt seine Wasserwaage an die Wand, um zu prüfen, ob sie gerade ist, er *justiert* sie ein bisschen und sagt dann vielleicht „Ja, ist recht," oder „Ist gerade." Einer ähnlichen Sprache bedient sich auch die über Schuld und Unschuld eines Menschen urteilende Rechtsprechung. Jemand kommt zu seinem Recht, er wird gerechtfertigt. Luther entdeckte, dass die Rede von Recht und Gerechtigkeit einen weiteren Hintergrund hatte, nämlich den des Friedhofs. Während der Verstorbene aufgebahrt wird, fragen sich die Hinterbliebenen wie es dem Toten im *Letzten Gericht* ergehen wird. „Klar, aber ist das alles?", mag man sich heute Achsel zuckend fragen. Menschen, die den Tod eines geliebten Freundes betrauern, hadern oft mit ihrem Schicksal und werden das Gefühl nicht los, dass der Tod nicht gerecht, nicht fair ist – was aber dagegen tun?

Als Luther sich mit der Bibel auseinanderzusetzen begann, stand er genau vor dieser Frage. Er setzte *gerecht sein* mit *Recht tun, Gerechtes tun* gleich, so wie es ihn die Philosophen gelehrt hatten. Gemessen wurde diese Rechtschaffenheit an Gottes eigenem, ewigem Gesetz, das das kostbare, geschaffene Leben in geordnete Bahnen lenken sollte. Als Luther also auf die paulinische Lehre von der *Gerechtigkeit Gottes* stieß, glaubte er genau zu wissen, was gemeint war: Es gibt einen richtigen und einen falschen Weg (vergleichbar mit einem Bauplan oder einem Gesetzestext), das Leben nach Gottes Plan zu leben. Gott sei immer dann gerecht, wenn er sein *Urteil* gemäß seinem *Gesetz* fälle und entsprechend gute Werke belohne und Übeltaten zornig bestrafe.

Die „Gerechtigkeit Gottes" könnte also eine Eigenschaft Gottes bezeichnen, die sein Wesen nach dem eigenen Gesetz beschriebe. Gerechtigkeit wäre hier also ein zu Gott gehöriges Wesensmerkmal. In der Bibel stößt man freilich immer wieder auf den „gerechten Gott" und es heißt, dass diese Beschreibung einen Kontrast zu der menschlichen Vorstellung von Gerechtigkeit darstelle. „Meine Gedanken sind nicht eure Gedanken, und meine Wege sind nicht eure Wege, sagt der Herr." (Jesaja 55,8) Wer Gott auch sein mag, was immer sein Wille ist, er wird richtig und gerecht sein. Was aber, wenn Gott etwas tut, was sich so unheimlich falsch anfühlt? Was, wenn viele Menschen bei einem Erdbeben tragisch zu Tode kommen, oder wenn Gott einen Verräter (wie Jakob) einem Älteren (wie Esau) vorzieht? Im Rahmen des Römerbriefs nimmt Paulus dieses berühmte Beispiel vermeintlicher Ungerechtigkeit auf. Gott entscheidet sich nämlich tatsächlich für Jakob in der alttestamentlichen Geschichte. Diese endet mit der Frage: „Lässt sich Ungerechtigkeit auf der Seite Gottes finden? Nein! Auf keinen Fall!!" Gott ist also doch irgendwie gerecht. Gott ist Gott. Was immer Gott tut, ist gerecht. So etwas nennt die Rhetorik „Tautologie": Subjekt und Objekt eines Satzes entsprechen einander – A ist gleich A. Das ist schiere Abstraktion. Gott ist Gott; du bist nicht Gott. Gott ist gerecht. Wenn er Jakob wählt, muss er einen guten, gesetzesmäßigen Grund dafür gehabt haben.

Luther beunruhigte jedoch erst der nächste Schritt. Dieser ewig gerechte Gott: Was denkt der eigentlich von *mir?* Wo ist *mein Platz* in alledem? Philosophen und Theologen sind sich an diesem Punkt ganz einig. Du und ich *passen* in Gottes großen Plan, weil wir an seiner Gerechtigkeit *teilhaben*, indem wir uns vertrauensvoll in seine Hände begeben („Dein Wille geschehe") und ihm nachfolgen. Gott urteilt letztendlich nach dem Gesetz bzw. der Struktur und Ordnung, die der Welt als eine Art Wasserwaage eigen ist.

Der Thronsturz des Aristoteles

Obwohl Luther mit Paulus kämpfte, um zu verstehen, was Gott von ihm hielt, kam die Formel, die den jungen Mönch an den Rand der Verzweiflung trieb, eigentlich von Aristoteles. Für Aristoteles ist jemand gerecht, der sich an dem erfreut, was er hat. Ungerecht ist der, der nach den Besitztümern anderer giert und diese ausnutzt. So lautet die „Verteilungsgerechtigkeit", bei der sich, rein rechnerisch, die Gleichheit bzw. das Gleichgewicht die Waage hält. Wem steht was rechtmäßig zu? Ein Richter sorgt für Gerechtigkeit. Denen, die sich auf Kosten anderer bereichert haben, nimmt er das Diebesgut und gibt es den Beraubten zurück. Macht Gott das nicht auch so, fragte sich Luther? Ist Gott nicht der Oberste Richter, der aufgrund dessen, wie gut sich jemand in Nächstenliebe übt, über Schuld und Unschuld urteilt?

In der Bibel wimmelt es nur so von Beschreibungen Gottes als dem gerechten Richter, der das Böse in der Welt zurecht bringt – wenn nicht in diesem Leben, dann im nächsten. Es liegt nahe, den Begriff „Gerechtigkeit Gottes" so zu verstehen, dass Gott jedem das gibt, was ihm oder ihr zusteht. Christus wäre dann der Richter. Im ausgehenden Mittelalter stellte man sich Jesus tatsächlich auf einem Regenbogen sitzend vor, mit einem Schwert im Mund (das kam aus der Offenbarung des Johannes), stets bereit, die Schafe von den Ziegen zu trennen, je nachdem, was sie auf Erden geleistet hatten. Luther las die Bibel stets mit dieser Brille: Christus als der Richter, der nach seinem Gesetz urteilt. Dieses glich dem mosaischen Gesetz, nach dem Gott Tugendhaftes belohnte und Laster bestrafte. Die einzige Frage, die stets offen blieb und Luther, wie viele andere auch, zum Wahnsinn brachte: Wie schneidet der einzelne Mensch im Angesicht Gottes beim Letzten Gericht ab? Irgendwann fällt der Hammer und besiegelt das Urteil. Gerechtigkeit ist wiederhergestellt. Hoffentlich hast du genug getan?

Schließlich legte sich in Luthers Kopf ein Hebel um und er begann, Paulus durch die genauere Berücksichtigung des Textzusammenhangs anders zu lesen. Denn, wenn man „die Gerechtigkeit Gottes" aus dem Kontext reiße, lande man schnell bei Aristoteles. Das hätte sogar pädagogische Vorteile, allen voran den Ansporn, sich besser zu

benehmen. Die Philosophenzunft konnte sich jedoch scheinbar nie so richtig davon überzeugen, dass gerecht sein mit etwas zukünftig Gutem zu tun hatte. Warum dann gerecht sein? Weil du als Ungerechter, selbst bei vorübergehendem Erfolg, am Ende dafür bezahlen wirst. Diese Überlegung verknüpfte die Gerechtigkeit und den Zorn Gottes über böse Taten. Gottes Zorn = Gottes Gerechtigkeit. Eine praktische kleine Formel, die die Leute dazu brachte, sich gut zu benehmen und sich an die Regeln zu halten. Das war aber nicht „die gute Nachricht“, von der Paulus sprach.

Luther entdeckte besondere Ausdrücke, die ausschließlich in den paulinischen Schriften zu finden waren. Hier aber fand er heraus, dass Gottes Gerechtigkeit „durch *Glauben*“ erwirkt werde. Hieß das gute Werke? Nein! Paulus forderte eine Unterscheidung: „dass ich nicht habe meine Gerechtigkeit, die aus dem Gesetz kommt, sondern die durch den Glauben an Christus kommt, nämlich die Gerechtigkeit, die von Gott dem Glauben zugerechnet wird.“ (Philipper 3,9) Haben wir es also tatsächlich mit zwei Arten von Gerechtigkeit zu tun? Es ist so, wie wenn man zwei verschiedene Regeln oder zwei verschiedene Arten von Anforderungen hat. Ist das aber fair? Jetzt kommt's: „Nun ist aber ohne Zutun des Gesetzes die Gerechtigkeit, die vor Gott gilt, offenbart.“ (Römer 3,21) Was meint Paulus damit? Seine beiden Arten des Gerechtseins rückten plötzlich nicht nur die Gerechtigkeit in ein neues Licht; Paulus schien auch zu behaupten, dass die Gerechtigkeit des göttlichen Gesetzes im direkten und durchaus bedeutsamen Gegensatz zu Gottes Gerechtigkeit in Christus stand. Paulus hatte bei dieser Beschreibung der zwei Arten von Gerechtigkeit den Kampf mit dem Tod unmittelbar vor Augen. Der Verlierer ist auch schon klar – Gottes eigenes gerechtes Gesetz und sein Zorngericht vermochten eine Person nicht zu rechtfertigen. Christus allein ist die *neue* Gerechtigkeit. Wo er ist, hat das Gesetz ausgedient. Noch toller: Christi Gerechtigkeit ist nicht nur seine *eigene,* sondern *schenkt* sich den Unwürdigen. Die Ungerechten werden durch seine Gerechtigkeit gerecht.

Ein Mensch, der sich auf Standardgesetz und Verteilungsgerechtigkeit (s.o.) dieser Welt eingestellt hat und von dieser neuen Gerechtigkeit hört, wird sie für Unfug halten. Wenn die paulinische Behauptung dann langsam sackt, wird sie sich sogar so anhören, als widerspreche sie der Schöpfungsordnung. Und wenn die Worte bis zum

Gewissen vordringen und von diesem endlich verstanden werden, ängstigen sie ihn. Es scheint, als zöge es ihm den Boden unter den Füßen weg. Das erregt besonders die Gemüter der buchstabentreuen Gesetzeshörigen. Deshalb traf es auch Luther so hart. Er hatte das Gesetz immer befolgt. Er war gesetzestreuer als alle um ihn herum und sich dessen bewusst.

Allein der Glaube rettet

Luther begann, zwei und zwei zusammenzuzählen. Paulus redete von einer neuen Art von Gerechtigkeit. Wie schon der Prophet Jesaja verheißen hatte, brachte Gott also etwas Neues ins Spiel. Das Neue kam in Gestalt seines Sohnes Jesus Christus, insbesondere durch seinen Tod am Kreuz. Gottes neue Gerechtigkeit rechtfertigt die *Ungerechten.* Gott tut, was in seiner Natur ist: Er schafft aus dem Nichts und handelt dabei aus einer Freiheit heraus, die die Welt nie gekannt hat. Er macht nicht wegen, sondern trotz des Gesetzes „richtig" und heil. Die „Gerechtigkeit Gottes" bei Paulus verstand Luther also nun genitivisch. Es ging nicht darum, was Gott substantiell in sich selbst war, sondern wie sich Gott gegenüber dem Menschen verhielt, durch was sich die Beziehung zwischen Gott und Mensch auszeichnete, was er Sündern *schenkte.* Luther war begeistert. Er durchforstete die ganze Schrift von Neuem und begann, die paulinische Aussage plötzlich überall zu entdecken. Gerechtigkeit ist das, was Gott aus freien Stücken bedingungslos seinen *Gegnern* schenkt. Man mag Gott für einen Deppen halten – was die Heiden auch taten; man könnte auch glauben, Gott halte eine Verabredung nicht ein – auch hierfür gäb's einen Anhaltspunkt, denn Paulus beschreibt, dass Christus seinem eigenen Volk, den Juden, zum Stolperstein wurde. Nichtsdestotrotz macht sich Gott selbst gerecht, indem er Menschen Christi Gerechtigkeit schenkt, die sie gar *nicht verdient* haben. Gott ist ein Gott, der sich die Falschen aussucht, die Sünder, die Marginalisierten. Das müssen wir wohl erstmal schlucken (es sei denn, du gehörst zu den Falschen; dann bist du fein raus)

Wo aber kommt nun dieser Glaube als Gerechtigkeit ohne Zutun des Gesetzes her? Aus einer schlichten Verheißung. Die Vernunft vermag so etwas nicht zu verstehen. Dieser Art von Gerechtigkeit sind Werke egal, sie kommt ohne Urteil aus und hält sich an keine Verteilungsgerechtigkeit, die jedem das gibt, was ihm vielleicht rechtmäßig zustünde; mit Belohnung, Zorn, Bestrafung und Gesetz hat sie nichts zu tun; es geht ihr nicht um die Harmonie oder um verschiedene Arten der Teilhabe am Wesen Gottes, sie kommt ohne Gleichgewicht zwischen materiellen und spirituellen Gütern, Tugend, Moral, Ordnung, Systemen und Vernunft selbst aus. Das Rechtfertigungsgeschehen

durch den Vater in dieser alten Welt ereignet sich *ausschließlich* durch die Auferstehung seines gekreuzigten Sohnes von den Toten und seine Hingabe an die Feinde – als Geschenk, „für dich", einfach so! Wenn das wahr ist, bleibt kein Stein auf dem anderen. Die Selbsterkenntnis bleibt nicht, wie sie war, die Erkenntnis Gottes nicht und auch die Erkenntnis nicht, was als „gut", „wahr" oder „richtig" oder was als Lauf der Geschichte galt. Sogar der Blick auf den Grund menschlicher Probleme und des Elends müsste sich ändern, genau wie das wohl am leidenschaftlichsten verfolgte, aber meist wenig verstandene menschliche Streben nach *Freiheit*.

Wie in einem Baukasten nahm Luther alles auseinander und setzte es wieder zusammen. Freud, Marx und Nietzsche hätten blass ausgesehen im Vergleich. Ein beispielloser neuer Gemeinplatz *(locus)* entstand, mit dem sich weder die frühere Philosophie noch die Rhetorik auskannten, die das Gesetz durch die Gläser einer einseitig ontologischen Brille betrachteten (s.o.). Der Glaubensbegriff war natürlich kein Novum, aber wie Luther ihn benutzte, war er radikal neu. Kurz bevor die evangelische Sache im Rahmen des Augsburger Bekenntnisses im Juni 1530 (die sog. *Confessio Augustana,* abgekürzt *CA*) vor Kaiser und Welt stand, schrieb Luther seinem Freund und Kollegen Philipp Melanchthon einen Brief zur Ermutigung, in dem er auf die Grundpfeiler des christlichen Glaubens verwies. Zu diesen erklärten die Evangelischen die Rechtfertigung der Gottlosen und die Unterscheidung von Gesetz und Evangelium in der Predigt. Bei dem Kaiser und den Papstgesandten stießen sie damit jedoch auf Ablehnung, was fatale Folgen hatte. Die „Lutheraner" aber hielten sich am Herzstück der Reformation, dem *sola fide,* fest: Allein der Glaube an Christi Verheißung rettet, nicht die Werke des Gesetzes. Vorsicht jedoch mit dem Wort „Glaube", eines der Begriffe unseres Wortschatzes, die wohl am häufigsten falsch gebraucht werden. Für Luther bedeutet es nicht „akzeptieren" oder „sich aktiv für etwas entscheiden" oder

„sich Christus anvertrauen“ o.ä. Glaube ist für ihn *vollkommene Passivität* – etwas, das wir von Gott empfangen. Glaube bedeutet, als Sünder durch den Tod zu gehen und als Gerechter wieder aufzuerstehen – eine entschieden eigene Handlung Gottes durch das verkündete Wort. So eine Gotteslehre dürfte Platon und Aristoteles unbekannt gewesen sein. Luther wurde noch drastischer. In seiner kleinen Autobiographie (s.o.) bemerkte er, dass man bis zu diesem Punkt auch schon alles bei Augustinus hätte nachlesen können, wenn sich die Leute nur mal die Mühe gemacht hätten, ihn zu lesen. Bei Augustinus klaffte jedoch eine große Lücke. Der Kirchenvater wertete das Geschenk göttlicher Rechtfertigung immer noch als etwas dem Menschen eigenes, auf das dieser zurückgreifen und das er verbessern konnte, um Einfluss auf den positiven Ausgang des Letzten Gerichts zu nehmen. Selbst der Großmeister Augustinus hielt daran fest, die Rechtfertigung als etwas zu betrachten, das *man* hat oder zumindest *etwas*, das Gott hat und an dem man *teilhat*. Bei Augustinus war Rechtfertigung also zwar neuer Wein, aber immer noch in alten Schläuchen, eine neue Variante des alten Gesetzes, laut der sich der Mensch weiterentwickelt, besser wird und dadurch dem Ziel vollkommener Rechtfertigung näher rückt. Augustinus konnte den Mythos eines freien, unsterblichen menschlichen Willens nie ganz abstreifen, selbst nicht im Kampf gegen die Pelagianer, die den freien Willen als Hauptpfeiler der Rechtfertigung und Gottes guter Schöpfung vor sich hertrugen. Luther war entschlossen, diese Schwäche durch die Zurückweisung des freien Willens vor Gott auszubügeln. Das aber erforderte das Einschlagen eines ganz anderen Weges durch die Schrift und einen großen Hammer, den Gott zu schwingen hatte.

Kapitel 4

Vom einfachen Schriftsinn: Buchstabe und Geist

Der Buchstabe tötet, aber der Geist macht lebendig.
(2 Korinther 3,6)

Das Stilmittel des bildlichen Ausdrucks, der sog. Tropus, war Schuld daran, dass sich Luthers Auseinandersetzung mit Paulus nicht zu einer weiteren Denkschule unter dem großzügigen päpstlichen Dach des Vatikan entwickelte. Ein Tropus liegt vor, wenn ein Wort durch einen bildlichen Ausdruck ersetzt wird, der das eigentliche Wort anschaulich vertritt (z.B. wenn man „Bacchus" für „Wein" sagt). Quintilians Rhetorikbücher reden von einem bloßen Schmuckelement, das mit Verschnörkelungen in der Musik vergleichbar ist. Ein Tropus ist ein reines Stilmittel, das zum Gehalt einer Aussage nichts weiter beiträgt. Ein kleiner Wortverdreher könnte z.B. den langweiligen Satz „Der Mann war groß“ ein bisschen aufpeppen und dafür sorgen, dass er wegen seines Witzes besser im Gedächtnis bleibt.

Zu Luthers Zeit standen vor allem Theologen im Bannkreis des Tropus. Deshalb entwickelte Luther einen ausgefeilten Apparat zur Darlegung des vierfachen Schriftsinnes spezieller biblischer „Redewendungen“. Die zahlreichen Geschichten über Gott und Israel zum Beispiel, was sagen die einem Nicht-Juden? Die damaligen Exegeten, gewappnet mit dem Hintergrundwissen zu Stilmitteln der Rhetorik, speziell der Allegorie, stürzten sich mit Begeisterung in die Suche nach einem verborgenen Sinn. Dass ihnen ein rhetorisches Stilmittel bei dessen Aufdeckung behilflich sein könnte, spornte sie zusätzlich an. Die Geheimnisse des Heiligen Geistes durchzögen die ganze Bibel und sollten den Christen später offenbar werden, so Luther. Man las die Bibel erstens als Geschichte des Handelns Gottes an seinem Volk Israel (historische Lesart) und zweitens als Verheißung, die Gott Christen über in Ereignissen (z.B. den Auszug aus Ägypten oder die Herrschaft des Königs David) versteckte Zeichen machte (allegorische Lesart). Die kirchliche Tradition ging sogar so weit, dass sie die biblischen Geschichten gänzlich auf den Kopf stellte. Anstatt nur zu lesen, was *Gott* in der Geschichte getan hatte, suchte man nach der versteckten Botschaft *für jeden Einzelnen*. Dabei half der Tropus oder die sog. tropologische Lesart, der dritte Schriftsinn. Er fragt nach der Relevanz jeder einzelnen Stelle für den Menschen heute in seinem aktuellen Leben. Ob eine Stelle von Adam und Eva handelt oder von den Gedichten Salomos – es geht stets um die Frage, welche Art moralischen Handelns Gott vom Menschen verlangt. Die Antwort, auf die man über die tropologische Lesart kam: Lieben. Es gab noch eine vierte, sog. anagogische Interpretationsebene, die sich auf die zukünftige Hoffnung, auch in Verbindung mit der Kirche, bezog, aber diese ließ noch auf sich warten.

Luther musste erst verstehen, was die Schrift von ihm persönlich verlangte.

Der verwirrte, alte Tropus

Für die Christen war der Tropus also viel mehr als ein rhetorisches Stilmittel. Ein Satz konnte die bedeutende anthropologisch-moralische Frage in Gang setzen: Was sagt mir die Schrift? Was soll ich tun? Was ist meine Aufgabe? Luthers Bibelverständnis berücksichtigte diese Ableitung. Schließlich sollte er dafür berühmt werden, die Bibel in ihrer Relevanz für den einzelnen Menschen heute zu lesen und die persönliche Ansprache des externen Wortes *(pro nobis)* ins Zentrum zu setzen. Was aber soll der Mensch tun angesichts dessen, was Christus für ihn am Kreuz getan hat? Was verlangt Gott von ihm? Was kostet die Rechtfertigung? Luthers frappierende Antwort: *Nichts!! Gar nichts!* Was für eine Anmaßung! Wie eine Bombe schlug sie in der theologischen Landschaft ein. Dazu aber gleich. Zunächst noch einmal zurück zu Luthers eigenem Tropus, seiner Geschichte.

Obwohl diese Art der Bibelinterpretation sehr poetisch war, war sie für Luther wie ein Feuer, das ihm ein Loch in die Hose brannte. Die *Bibel* offenbarte ihm, was Gott von ihm wollte. Das musste er erstmal schlucken. Bei der Exegese des 2. Korintherbriefs ging er der allegorischen Interpretation an die Wurzel; er untersuchte die Stelle, wo Paulus zwischen dem Buchstaben, der tötet, und dem Geist, der Leben schenkt, unterscheidet (2 Korinther 3,6). Meint „Buchstabe" hier die vergangene Geschichte des jüdischen Volks? Meint „Geist" wirklich, dass sich unsere sichtbare Welt geistig erhöht, wenn sie zu Gott emporsteigt? Wie soll das gehen? Er untersuchte, was Paulus wirklich mit dem Geheimnis *(mysterium)* als der Unterscheidung zwischen Geist und Buchstabe (dem wörtlichen Schriftsinn) meinte und fragte sich gleichzeitig, was ihm die tropologische Auslegung hier abverlangte. Luthers Welt begann zusammenzubrechen. Die Kirche war weder an die Stelle Israels getreten noch hatte sie sein Gesetz über eine allgemeinere Auslegung reformiert, und auch der Geist schien sich nicht als verborgener Schlüssel zu den Geheimnissen der Geschichte zu eignen.

Die Leute faszinierte aber nicht das schlichte klare Wort Christi, sondern der Tropus. Der Heilstext sollte ihnen nur das sagen, was sie auch hören wollten. Letztlich führte das wieder über das Gesetz. Zu Beginn mag die Tropologie nur das Ende eines langen Rattenschwanzes biblischer Geheimnisse gewesen sein, bald jedoch führte sie den Ton im Kirchenleben an. Es ging den Menschen um's Wesentliche. Sie wollten wissen, was Gott von ihnen erwartete. Menschen gehen in die Kirche, um vom Pfarrer zu hören, was erwartet wird, was sie tun und was sie lassen sollen. Der Tropus machte richtig Karriere: Aus bloßem Schmuck wurde ein zentrales Predigtmoment. Luther fühlte sich verurteilt, er war dem Tode nah (Paulus' Diktum vom *tötenden Buchstaben* bestätigend) und auch er wollte natürlich wissen, was die Schrift, also der Buchstabe, tropologisch gesehen, von ihm erwartete. Er stellte das ganze kirchliche Interpretationssystem auf den Kopf und setzte den Tropus an erste Stelle.

Angenommen, Gott verlangte von seinen sündigen Geschöpfen nur, dass sie einander liebten – wie liebte man genug? Wie viel reichte aus, um Jesus auf dem Richtstuhl zufrieden zu stellen? Luther dachte, er hätte die Nuss geknackt. Doch die Schrift war so nicht zu knacken. Der vierfache Schriftsinn fiel in sich zusammen. Als *Geschichte* (d.h. der Geschichte Israels oder der der Jünger) und *Geheimnis* (d.h. Gottes Plan für alle Zeit) verblassten Buchstabe und Geist und erstrahlten in einem neuen Licht: als *Gesetz* und *Evangelium,* als Gottes Handeln an den Sündern. Die Worte der Schrift waren ein Mittel, um alles, was den Menschen (und somit auch Luther) ausmachte und betraf, der Sünde zu übergeben, sie in einen Karton zu stecken, zuzuschnüren und mit *„Rebellion* gegen Gott" zu beschriften. Beim Bibellesen merkte Luther, dass ihm sogar seine ehrenhaftesten religiösen Taten als Mönch als Sünde angerechnet wurden. Warum nur? Ist Gott ein verbitterter, alter Mann? Inszeniert er unseren Fall, um uns dann zu sagen, was wir tun müssen – Gott über alles lieben und unseren Nächsten wie uns selbst – und uns doch scheitern zu sehen und sich ins Fäustchen zu lachen, während wir zur Hölle fahren? Ist für Gott die Tropologie vielleicht nur ein übler Scherz? Luther fing an zu verstehen, was hier auf dem Spiel stand. Begibt man sich einmal auf tropologische Pfade, landet man schnell in der Sackgasse: „Denn Gott hat alle eingeschlossen in den Ungehorsam" (Römer 11,32a) und „die Schrift hat alles eingeschlossen in die Sünde" (Galater 3,22). So stand Luther im Zwiegespräch mit der Bibel:

LUTHER:	Was soll ich tun?
BIBEL:	Lieben.
LUTHER:	Was macht Gott mit meiner größten Liebesmühe?
BIBEL:	Für ihn ist sie Sünde.
LUTHER:	Ist das alles? Bin ich erledigt?

Auf all diese Sätze hat die Bibel eine überraschende Antwort. Bevor wir uns diese anschauen, stapfen wir mit Luther aber erstmal weiter durch das Dickicht des alten Tropus. Eigentlich wusste Luther gar nicht mehr weiter. Er war am Ende des tropologischen Pfades angekommen und drauf und dran, alles hinzuschmeißen.

Ob der Tropus im Rahmen der von Thomas von Aquin stark beeinflussten, die Theologie zu Luthers Zeit dominierende *via antiqua* auftauchte, in Gestalt der von Leuten wie Wilhelm von Ockham oder Gabriel Biel vertretenen *via moderna* (der neuen Theologie) oder in Form augustinischer Gnadentheologie – alle schienen zu wissen, wo der Hase lief: Das Ziel war vom Gesetz vorgegeben. Diesem näherte man sich wie auf einem Ritterzug oder einer Pilgerfahrt. Und als Proviant auf dem Weg hatte man Gottes Gnade im Gepäck.

Die Verwirrung von Gesetz und Evangelium zu lösen, sollte Luther nicht nur mehrere Jahre kosten, sie rief auch in ihm selbst einen unsäglichen inneren Gewissenskampf hervor (die sog. *Anfechtungen*). Man muss seinen Weg gehen, an dessen Ende, wie Paulus beschreibt, nicht etwa die wunderbare Schau des Wesens Gottes und seines Plans für das Universum steht, sondern der Tod des alten Adam.

Für viele Beteiligte wurde der Weg jedoch zu einem regelrechten Wettlauf, bei dem sie sich wiederum in und mit der Kirche verhedderten. Dort meinte man, Gott stecke ein fernes Ziel der Tugend und statte die Menschen mit dem entsprechenden Rüstzeug aus, dieses Ziel zu erreichen: den freien Willen und das Gesetz. Der Kern des alten Tropus hieß also: freier Wille und Gesetz als Wegweiser.

Die Kirche begann, sich eine eigene Geschichte um die Bibel herum auszudenken, um Gesetz, freien Willen und Gottes Gnade unter einen Hut zu bringen. Einen Gott zu haben bedeutete für sie, von der Originalsubstanz des göttlichen Kerns abzustammen. Das Paradies stellte man sich als friedliche Koexistenz aller Geschöpfe und Dinge gemäß der ursprünglichen Schöpfungsordnung und des göttlichen Gesetzes vor. Diese Ordnung entsprach einer Hierarchie der Lebewesen, die von Gott an oberster Stelle bis zum winzigsten Erdelement reichte, einem Sandkorn zum Beispiel, das in großer Entfernung von Gott existierte. Den Menschen wurde die göttliche Substanz, so die Version der Kirche, in besonderer Weise über die Nutzung seiner Wahlfreiheit zuteil. Unerklärlicherweise schlugen sie jedoch meist den falschen Weg ein (vielleicht, um sich selbst zu beweisen, dass sie die Freiheit dazu hatten) und tun dies weiterhin. So verloren sie ihren ursprünglichen Platz in der Welt und fielen aus der Beziehung bzw. der Vereinigung, der Teilhabe an Gottes eigenem Wesen heraus. Körper und Geist des Menschen wissen seitdem nicht mehr wie sie zu ihrem ursprünglichen Platz zurückfinden können. Menschen nach dem Fall (die Kirche spricht hier vom *postlapsarischen* Stadium) müssen eine lange Reise antreten, um die Stufen zu ihrem ursprünglichen Platz zu erklimmen – eine anstrengende Reise, die nur mit Gottes Hilfe, speziell über die Entlarvung der Sünde des Menschen durch das Gesetz, gelingen kann. Dante brauchte in der Hölle einen Kompass, der ihn auf den rechten Weg ins Paradies brachte – erst in Gestalt eines rechtschaffenen Heiden, dann der Liebe selbst. Gottes neue Gnade ist dann also das Gesetz, das dem letzten Rest der alten Gnade in dem übrig gebliebenen freien Willen aufhilft.

Das Geheimnis dieser alten Geschichte liegt in der Bedeutung des göttlichen Gesetzes als der dem freien Willen aufhelfenden Instanz. Das Gesetz lehrt einen züchtigen Umgang mit körperlichen Versuchungen und rät zum Übergang zu einem geistigen Leben. Je genauer man das Gesetz kennt, desto besser kann man sich auf den Weg konzentrieren; und je mehr einem auf dem Weg geholfen wird, desto größer die Teilhabe während des Lebens, in dem man sich dem letzten Ziel der Wiedervereinigung mit Gottes Wesen nähert. Für Christen war die Rechtfertigung ein bisschen wie das Spannungs-Hin-und-Her eines guten Films. Erst ist der Mensch gerecht, dann verliert er diesen Status, gewinnt ihn aber durch Christus wieder zurück. Mit dem alten Tropus verstand man Rechtfertigung als Substanz, die dem Menschen selbst zueigen ist, dann aber zu einem gewissen Grad verliert (ein Funke bleibt bestehen) und schließlich wiederum zu einem gewissen Grad zurückgewinnt (gemessen am Gesetz), bis sich die Rechtfertigung *in ihm selbst* durch die Reintegration in Gottes ursprünglichen Schöpfungsplan vervollkommnet.

Star dieser Geschichte ist das Wörtchen „selbst". Das Gesetz ist Freund und Helfer auf dem umwundenen Weg durch das Labyrinth der weltlichen Lust und dem Streben zurück zu Gottes ursprünglichem Plan für das Leben. Die Geschichte handelt von sog. Wesenheiten, wie Luther in seiner berühmten Römerbriefvorlesung zu sagen pflegte, Dingen, die der Mensch besitzt oder einfach hat, die ihn ausmachen (auch „Ontologie" genannt). Sie zwängt die gesamte Heilige Schrift in das Korsett der Allegorie eines riesigen Auszugs, nicht von Ägypten nach Israel, sondern tropologisch von der Last zur Tugend. Am Ende, heißt es, findet der Menschen seinen Weg über die kleinen Gesetzesbrocken zurück zu dem verborgenen Gott.

Es ist äußerst bemerkenswert wie viele Geschichten in dieses tropologische Schema passen – von den heidnischen Mysterienkulten über die griechische Philosophie zur Gesamtheit der Weltreligionen, einschließlich der Bibel selber. Platons Bild vom Leben als Wagenlenker passt ganz gut dazu. Die Seele ist wie ein Wagenlenker mit zwei Pferden. Sie ziehen in zwei verschiedene Richtungen, während der Mensch angestrengt versucht, zum Olymp zurückzukehren. Auch das aristotelische Bild von einer

großen Eiche in einer kleinen Eichel lässt sich so interpretieren. Natürlich mag man auch die Geschichte von Adam und Eva auf dem Hintergrund der Monotonie, der einseitigen Orientierung an der einen Gesetzesnote, lesen. Obwohl der Verlust der Ehre und ihr Wiedererlangen auf mühsamem Weg zu Nebenschauplätzen wurden, las sie jeder, wie Luther auch, in jede Zeile der Bibel hinein. Der Tropus beantwortete endlich die brennende Frage, was Gott vom Menschen will. Er will wohl, dass er nach Rechtschaffenheit strebt und unterstützt dieses Streben mit seiner Gnade; so lange, bis er das Gesetz in sich selbst erfüllt und wieder in Gottes großen Plan für das Universum passt. Bei all diesen Überlegungen hatte man nur einen vergessen: *Jesus!* Am Ende der Reise steht er da als Erdenrichter und sagt: „Gut gemacht, guter und treuer Diener," oder er zieht die Strippe, die den Menschen zur Hölle fahren lässt.

Die Tropen verändern: das Gesetz, bis Christus

Der Streit mit Paulus um den zweiten Punkt „Der Buchstabe tötet, aber der Geist macht lebendig." (2 Korinther 3,6) ließ Luther fast verzweifeln. Was sagt dir die Schrift, oder besser, was macht sie mit dir? Sie nimmt alle deine „Dinge" und stellt sie unter die Macht der Sünde (Galater 3,22a; Römer 11,32a). Das Gesetz macht nicht lebendig. Das Gesetz ist weder Ziel noch Wegweiser zur Rechtschaffenheit vor Gott. Das Gesetz verurteilt dich (und sogar deine Schokoladenseite) als schuldig. Keiner ist so perfekt wie Gott. Klar. Aber ist das alles?

Zum Glück nicht. Der Furcht einflößenden Verurteilung unserer Bemühungen folgt ein Konsekutivsatz: *„damit* die Verheißung durch den Glauben an Jesus Christus gegeben würde denen, die glauben." (Galater 3,22b), und im Römerbrief 11: *„damit* er sich aller erbarme." (V.32b) Für Luther veränderten sich die Tropen, weil er begann, die beiden Extreme ernstzunehmen: All unsere Tropologie ist Sünde; Gott handelt aus purer Gnade, damit die Verheißung im Glauben an Jesus Christus tatsächlich eintritt. Das Gesetz steht bis Christus erscheint und dann endet es.

Das Heil ist nicht etwa der Sieg eines spirituellen Athleten, der sich auf dem Gesetzesweg perfektioniert. Das Heil ist auch nicht mit der Gesundung eines Kranken mittels der Medizin der Gnade vergleichbar. Solche Vorstellungen machen Christus überflüssig – zugunsten des freien Willens, der in seinem Streben nach Heiligung unter dem Gesetz

gerne die Hauptrolle spielt. Warum aber dann das *Kreuz?* Was hat es für eine Bewandtnis? Kam Christus nur, um die Menschen an das mosaische Gesetz zu erinnern oder eine verbesserte Version der Steintafeln zu liefern? Wartet Christus vielleicht immer noch darauf, dass der Mensch das Rätsel des göttlichen Gesetzes knackt? Luther verstand allmählich, dass es nicht darum gehen konnte, mit Hilfe der Gnade und einer Beimischung von Liebe und Werken einen bestimmten Weg zu meistern. Die Bibel erzählt die Geschichte *von Gott, der zu uns heruntergekommen ist – als wir noch Sünder waren.* Christus ist der Star der Show, er ist der handelnde Motor. Mit Christus endet das Gesetz. *Crux sola nostra theologia* – allein das Kreuz ist unsere Theologie. Diesen Satz schrieb Luther in Großbuchstaben auf. Damit war klar: Das ist die zentrale Wahrheit, an die wir uns halten müssen.

Diese neue Perspektive – Kreuz Christi statt Gesetz und freier Wille – rückte alles in ein neues Licht. Alles hing nun davon ab, dass Gott zwei Dinge tue: zerstören und wieder aufbauen, wie in Hannas und Marias Lied (1 Samuel 2 bzw. Lukas 1). Folglich hatte sich alles weiterzubewegen, von der Substanz und den einzelnen Elementen, die das Wesen eines Gegenstandes ausmachen bis zu ihrer Beziehung zu Gottes Handeln am Kreuz – wie sie *coram hominibus* (im Angesicht der Menschen), mehr aber noch *coram deo* (im Angesicht Gottes) stehen. Für Christen ging die bedeutende Bewegung nicht von der Last zur Tugend (immer besser werden nach Gesetz, wie es die Kirchentradition gern hätte), sondern von der Tugend zum Glauben, von der Moralität zu Christus. Ein Eklat! Da behauptete Luther tatsächlich, Christus befreie uns von der *Tugend.* Die Kirche war entsetzt. Nicht einmal die Heiden trauten sich, eine derart gefährliche Behauptung aufzustellen. Luther trotzte allen. Als Richtungsweiser diente ihm der bedeutungsgewandelte Tropus in seiner Römerbriefvorlesung. „Macht euch bereit," alarmierte er seine Studenten, „Gott verändert den Lauf der Geschichte, er will der Handelnde und ihr sollt die Empfangenden sein."

Für heutige Exegetenohren sicher schockierend, kam Luther zu dem Schluss, dass die Schrift klar sei, sich sogar selbst auslege *(sui ipsius interpres).* Mit dieser steilen Behauptung reagierte er auf die päpstliche Bulle, die ihn exkommunizieren und in die ewige Hölle verdammen sollte. Am Ende, so Luther, *legst du nicht die Schrift aus; sie legt dich aus.* Die Schrift *verstehen* heißt, etymologisch betrachtet, so viel wie *vor ihr stehen.* Schließlich bedeutet das Wort „verstehen", von seiner Wurzel her betrachtet, „vor etwas stehen". Heute denken die meisten Menschen allerdings, sie stünden nicht vor, sondern *über* dem Text und könnten alles lösen. Gott ließ Luther zappeln, um ihm zu zeigen, dass er ohne die lieb gewonnene Mär vom freien

Willen und der partiellen Gnade auskommen musste. Während sich Luther also mit der Schrift herumschlug, um herauszufinden, was Paulus wollte, schlug sich Gott eifrig mit Luther herum, um die neue Melodie der zwei Noten, nicht nur einer, zu hören: Der Buchstabe *tötet,* weil das Gesetz dich nicht rechtfertigt; der Heilige Geist allein *macht lebendig,* weil er dir Glauben schenkt, wo du von Werkgerechtigkeit sprichst. Wer würde sich aber so einer Schlussfolgerung verweigern? Ist Christus alles, ist der freie Wille nichts.

Luther machte sich daran, die Kirche von gnostischen Neigungen[13] zu befreien, denn diese führten seiner Meinung nach zu einer einseitigen Sicht der beiden Testamente. Das Alte Testament schien nicht mehr recht zu „gelten".

Das „Gesetz“ war alt und jüdisch. Das Neue Testament brachte mit dem „Evangelium“ das bessere Gesetz. Eine Sicht mit fatalen Konsequenzen. Sie verwandelte Christus in einen Mose, der den jüdischen weit übertraf und stellte so die Kirche über die jüdische Synagoge. Die entscheidende Autorität wurde damit dem Papst zugespielt und entsprang nicht mehr ausschließlich der Schrift. Sie stellte das Gesetz über das Evangelium und begrub Jesus unter selbstgerechten Motiven, um die gemeinen Christen moralisch in Schach zu halten. Luther war entsetzt. Die Schrift verberge weder Geheimnisse noch verbessere die Kirche die mosaischen Gesetze. Da die Schrift klar sei und sich selbst auslege, benötige sie auch kein Papstamt zur Offenlegung ihrer wahren Bedeutung. Die Schrift müsse vielmehr Stellung und Bedeutung des Papstes bestimmen, nicht anders herum.

In diesem Leben und dem nächsten hängt für Luther alles davon ab, wie sich der Glaube aus dem Zuspruch „Deine Sünden sind dir durch Christus vergeben“ speist. Einfache, klare Schriftworte, die den Menschen, den Sünder, „interpretieren“. Ob du nun Abraham bist (vor Christus) oder Luther (nach Christus), die Worte der Verheißung nur

zu hören, genügt allein, dich zu rechtfertigen. Dann liegt dein ganzes Leben in Gottes Händen und hängt allein an seinem Wort. Du brauchst nicht dein ganzes Leben damit zuzubringen, dir neue Geschichten und Tropen auszudenken, die dir gerade gut in den Kram passen. Die Heiligen des Alten und Neuen Testaments betrachtete Luther nicht mehr als spirituelle Athleten, die sich auf der Tugendrennbahn verbesserten, sondern als am Leben hängende Wassertropfen. Genau wie Jeremia prophezeite: „Ist mein Wort nicht wie ein Feuer, spricht der Herr, und wie ein Hammer, der Felsen zerschmeißt?“ (Jeremia 23,29) Gottes großer Hammer war kurz davor, auf Luther zu fallen. Um das aber genauer zu erzählen, wenden wir uns erstmal Luthers eigener Erfahrung mit der Buße zu.

Kapitel 5

Reden ist Tun: Der sprechende Gott als Seelsorger

Denn die Verheißung, dass er der Erbe der Welt sein solle, ist Abraham oder seinen Nachkommen nicht zuteil geworden durchs Gesetz, sondern durch die Gerechtigkeit des Glaubens.
(Römer 4,13)

Luther befürchtete, dass die Leute, solange Seelsorge dem traditionellen Rahmen der Buße verhaftet blieb, es nie verstehen würden, Gesetz und Evangelium voneinander zu unterscheiden und Christus wahrhaftig zu predigen. Er selber hatte die Buße als Kampf um Leben und Tod erlebt, und auch für seine Gemeindeglieder war sie ein immer stärker in den Ablasshandel treibender, fast unwiderstehlicher Sog. Luther vermutete, dass der Gedanke der Buße als tatsächlicher Vergebung der Sünde aus der Fehldeutung eines Tropus hervorgegangen war. Genau da setzt er in einer seiner Schriften über „das Amt der Schlüssel" an: „Der abscheuliche Missbrauch and Unverstand über die wertvollen Schlüssel ist eine der größten Plagen, die Gottes Zorn über diese undankbare Welt gestreut hat."[14]

Wie Pastoren seelsorglich tätig werden, hängt von ihrem Sünden- und Gnadenverständnis ab. Zu Luthers Lebzeiten beschäftigten sich sowohl Priester als auch Büßer mehr mit dem Innenleben des Sünders (heute würde man wohl von seinem psychischen Zustand sprechen) als mit der Frage, was die Zusage „Deine Sünden sind vergeben" für sie persönlich bedeutete. Die Buße wurde zum Prüfstein der Vergebung. Auf echte Zerknirschung folgte Gottes Vergebung schnell. Bis der Sünder aber erst einen Priester aufgesucht, die Beichte abgelegt hatte und ihm die Anzeichen echter Reue attestiert waren, war es eigentlich schon zu spät für den Priester, in Aktion zu treten. Gott hatte dem Sünder entweder schon vergeben oder nicht. Die Aufgabe des Priesters war lediglich, Gottes Urteil der entsprechenden Person zu verkündigen und ihn zu beruhigen. Obwohl die Priester stets versuchten, sich um das Seelenheil der Menschen zu kümmern, bekamen sie von deren Innenleben und ihrem tatsächlichen Befinden wenig mit. Die priesterlichen Worte kamen also viel zu spät, das menschliche Herz hatte schon seine Arbeit getan. Priester spielten eine ähnliche Rolle wie Therapeuten heute. Sie spiegelten, was ein Patient sagte, seine Wirklichkeit aber konnten sie nicht verändern, nur weil sie Vergebung aussprachen.

Buße bedeutete Strafe – ein kleines Opfer als Genugtuung (z.B. ein Gebet oder eine gute Tat), das Gott als Unterpfand für die lebenslange Reue dargebracht wurde, zur Reduktion der Restschuld eines Menschen. Im Grunde war diese Praxis jedoch ein pastorales Verbrechen, denn sie vermochte es nicht, kranke Seelen zu heilen. Im Gegenteil, sie verstärkte die Unsicherheit der Menschen, aber auch ihre Selbstgerechtigkeit. Luther machte die Erfahrung, dass sich der Priester der Buße bemächtigte, um Vergebung zu predigen und diese auch tatsächlich zu erteilen. Die Zusage der Vergebung kam auch ohne Christus aus.

Vergebung wurde ein äußerer Etikettierungsprozess, der einen Kranken bestenfalls am Leben erhielt (mehr aber auch nicht).

Die Taufe und die Weiterentwicklung des Bußsakraments

Die Kirche lehrte, dass die Taufe die Ursünde tilge. Sie ließ das eigene Schiff aufrecht fahren auf dem Meer der sündhaften Welt, erlöste den Menschen von Adams Erbsünde (die möglicherweise über den männlichen Samen beim Geschlechtsverkehr weitergegeben werde), aber ließ seinen Zunder *(fomes)*, eine Art Pulverfass, zurück. Sobald die Lust ihr Spiel mit uns spielt, könnte sich das Pulverfass wieder entzünden und den Sünder vor Gott in Todesgefahr bringen. Die Taufe war wie eine Einmaldosis Ursündenerlösung; sündigte der Mensch danach wieder, war ihm nicht mehr zu helfen. Diesen Folgesünden konnte man nur über die Buße beikommen. Nach Hieronimus war sie das Ersatzbrett, ein Rettungsanker, der zu denen hinausgeworfen werden konnte, deren Schiff im Meer der Sünde gekentert war. Zu Luthers Zeit gehörten Beichte und Vergebung durch den Priester zu einem festen mehrstufigen Modell, das zu durchlaufen war, um ein „wahres" Bekenntnis vorweisen zu können. Eins dieser Modelle stellte Peter Lombard beispielhaft in seinen *Sentenzen* dar – der *Zerknirschung (contritio)* folgt die *Beichte (confessio)* und darauf die *Zurechtbringung (satisfactio)*. Es lag in der Verantwortung des Priesters zu beurteilen, ob die Reue des Beichtenden echt war oder nur gespielt. Je nachdem, gewährte oder verweigerte er die Absolution. Die Worte der Vergebung „Ich spreche dich von den Sünden frei" waren äußere Zeichen für eine innere Bewegung, die von der Reue ausgehend sich im Sünder ereignen sollte. Der Priester konnte, einem Richter gleich, eine letzte Strafe erlassen, die er von den entsprechenden Gesetzen ableitete, um die Reue zu vervollkommnen und der zerknirschten Person das Gefühl zu vermitteln, dass ihre Schulden gegenüber Gott und Welt bezahlt seien. Erst dann konnte sie ihr Leben fortsetzen und versuchen „nicht mehr zu sündigen".

Die Verheißung der Vergebung war wie ein äußerlicher Stempel, den der lokale Spiritualitätsexperte – der Priester also – als Zeichen seiner Zustimmung zu dem Prozess einsetzte. Worte kamen in diesem Prozess zu spät, dessen Wahrhaftigkeit sich erst im Inneren der Person manifestierte. Das war also das Ergebnis der Verwechslung von Gesetz und Evangelium. Diese wirkte sich auf alle aus, die gesündigt hatten und der Vergebung bedurften. Luther stieß auf zahlreiche Probleme mit diesem Prozess, die sein Vertrauen in die Fähigkeit der Kirche, Religionsgebote zu erlassen, verletzten – ein wahrer Spießrutenlauf.

Die Folgen der Buße: Stolz und Unsicherheit

Psychologisch hielt Luther die Idee der Buße als Rettungsanker für problematisch. Sie war Motor eines falschen Glaubens (Stolz) an eine Werkgerechtigkeit, die eher dem

Zuspruch der Sündenvergebung als dem Glauben an die Verheißung selber entsprang. Zumal: Wenn auf die Vergebung noch eine Strafe folgt, was wird der Mensch für den tatsächlichen Akt der Vergebung halten? Auf selbst erwirkte Zurechtbringung zu vertrauen, ist im Grunde nur eine Form des Stolzseins auf geleistete Werke. Die Buße rief kurioserweise auch Unsicherheit hervor, denn die Beurteilung, ob jemand wirklich zerknirscht war und seine Taten tatsächlich bereute, fiel schwer. Schließlich hatte man es hier mit einem psychischen Zustand zu tun, der den Menschen selbst und andere stets täuschen konnte. Die Christen mussten nicht erst auf Freud und die Psychoanalyse warten, um zu erkennen, dass die Menschen zu unsäglichen Selbsttäuschungen und Täuschungen anderer fähig sind und das Ganze eine ständige Gratwanderung zwischen tiefen Gefühlen und der Wahrung eines äußeren Erscheinungsbildes durchläuft. Manche Menschen zeigen sich betrübt, sind es aber gar nicht. Andere scheinen unbesorgt, sind aber innerlich aufgewühlt. Wie viel Reue über die Sünde war nötig, damit sie als „echt" durchgehen konnte? Luther erlebte auf schmerzhafte Weise, dass die Unsicherheit zunimmt, je strenger man das Gesetz befolgt. Je klarer dir die Anforderungen des Gesetzes werden, desto mehr musst du die unmögliche Forderung des Gesetzes herunterspielen, um sie überhaupt erfüllen zu können – was zu einer klassischen Doppelbindung führt. Je mehr du das Gesetz als Heilsform der Ewigkeit anpreist, desto stärker müsstest du seine grenzenlosen Forderungen dementieren: „Sei vollkommen, wie dein himmlischer Vater vollkommen ist," oder, die menschliche Variante: „Gib' dein Bestes." Mehr kann Gott schließlich nicht verlangen, oder?

Um zu verhindern, dass die Büßer während der Zeit ihrer Reue starben, waren sie selbst, aber auch der Priester, bemüht, die Forderung des Gesetzes realistisch zu proportionieren. Priester wurden zu Experten der Kasuistik, denen sich die Schuldigen für die Angemessenheit der

Strafe für die begangenen Sünden anvertrauten. Vielleicht ist es so, wie wenn man einen Ernährungsberater oder Arzt konsultiert, der genau weiß, dass man selbst in der dramatischsten Situation mit kleinen Schritten beginnen muss, um abzunehmen. Ähnlich war es wohl in der Seelsorge. Der Priester übernahm immer mehr die Rolle eines Mediziners, der Rezepte ausgab und Therapien verschrieb, um den kranken Patienten am Leben zu erhalten.

Luther beobachtete, dass das Gesetz als einzige Form der göttlichen Gnade Stolz und Unsicherheit zugleich hervorriefen. Psychologisch hoch problematisch! Die Sünder selber stutzen das Gesetz so lange zurecht, bis sie sich sicher währen können, genug getan zu haben. Einem Feind zu vergeben oder seine Eltern zu ehren kann nicht für jede Situation gelten, oder? Gibt es nicht so etwas wie mildernde Umstände, wenn der Feind uns töten wollte, oder die Eltern es nicht verdient haben? So geht das immer weiter. Das Gesetz wird zurechtgestutzt. Luther sprach sogar von dem „zurechtgestutzten Gott“, den wir dem echten vorziehen.

Verbum Reale/Verbum Externum

Die Bußpraxis brachte jedoch ein noch größeres Problem mit sich, das Luther aus eigener Erfahrung als einer, der selbst um Vergebung bat, aber auch Vergebung zusprach, kannte: Der ursprüngliche Grund für das Bußsakrament hatte sich im Wesentlichen aufgelöst. Der Sinn der Buße ist es eigentlich, dass den Menschen, die die Forderung des Gesetzes erdrückt, Gottes Vergebung in Gestalt einer Verheißung zuteil wird. Anstatt aber der *Vergebende* zu sein, war der Priester zum *Richter* geworden. Der Priester beurteilte, ob die Zerknirschung echt war; dann erwog er realistische Gesetzesportionen für den schon an Beatmungsgeräten liegenden Patienten und hielt ihn damit am Leben. Die Folge war ein wirres Durcheinander von Gesetz und Evangelium, das sich u.a. im Bittgebet des Priesters um Gottes Zustimmung zu seinem Urteil entlud. Der Priester wurde also zum Richter, von dessen Urteil der Büßer maßgeblich abhing. Die Worte des Priesters waren Gesetzesworte – die Buße, die auf eine Sünde folgte, war Teil des katholischen Umverteilungssystems, das „Barmherzigkeit" und „Gnade" so verpackte, dass sie über Strafen erreichbar waren, die geringer ausfielen als es der Sünder eigentlich verdient hätte. Der Leutpriester lief dann über das Schlachtfeld, verband alle tödlichen Wunden, erfüllte vielleicht den ein oder anderen kleinen Wunsch, sprach ein Gebet und schickte die Leute dann weiter, zum Letzten Gericht.

Diese Art der Seelsorge scheiterte an der Unterscheidung von Gesetz und Evangelium. Das Urteil des Priesters stempelte die Person zunächst einmal ab. Er nahm die innere Bewegung des Willens vorweg, die der Sünde vorausgehen sollte. Die künstlich begrenzte Anklage wurde erhoben. Sie fiel so aus, dass der Sünder zwar mental so nah wie möglich an die Schwelle des Todes gebracht, ihm das Gefühl eines freien Willen aber gelassen wurde. Allmählich erkannte Luther, dass sich Gottes Wort in der Bibel gar nicht so leicht eingrenzen lässt und von dem letzten bisschen freien Willen abhängt, der dem Sünder geblieben ist. Gottes Wort ist „schärfer als jedes zweischneidige Schwert“ (Hebräer 4,12) und wird nicht wieder zu ihm zurückkommen, ohne zu tun, wozu es gesandt ist (Jesaja 55,11). Im Gegensatz zur manchmal heißen Luft menschlicher Worte bewirken Gottes Worte tatsächlich etwas auf der Erde. Selbst für Augustinus waren Worte jedoch rein äußerlich, und er stellte sie den wahren Dingen gegenüber. Worte galten ihm als schwache Vertreter des „Wesenhaften“ oder „Echten“. Entweder bezeichneten Worte nur die Dinge (man mag sein Haustier „Hund“ oder „Wauwau“ nennen, meint aber dasselbe Tier) oder wiesen von sich selbst weg auf die wahren, nicht in den Worten selbst befindlichen Dinge. Ein Schild, das vor einem brüchigen Felsen warnt, ist ja nicht dieser brüchige Felsen. Man nehme, was man wolle, ein *austauschbares Etikett* oder einen *äußerlichen Verweis* auf einen abwesenden Gegenstand – das Wort der Verheißung fällt heraus, es gehört nicht mehr zum Kern der Buße. Die Worte der Priesters verwiesen lediglich auf das, was im Inneren des Büßers passierte. Luther hatte das Gefühl, von Philosophie und Kirche über's Ohr gehauen worden zu sein: Sie predigten, dass das Wahre etwas „Innerliches“ sei und die Worte den Büßer verführerisch bezirzten.

Schließlich verweigerte er sich diesem Missbrauch von Worten und betrachtete ihn als unbiblisches, pastorales Vergehen. Der Kern der Buße konnte doch nicht darin bestehen, über die Sünde zu sprechen. Alles musste daran gesetzt werden, etwas gegen sie zu tun. Was halfen da hochtrabende Theorien? Es ging doch darum, die Welt des Sünders zu verändern. Gottes Wort in der Bibel ist doch nicht etwa die kleine Schwester der eigenen inneren Demut, sondern die Sache selber, die Wirklichkeit und Wahrheit, durch die Gott Sünden tatsächlich vergibt und statt ihrer Christus schenkt. Selbst Sprachwissenschaftler und Philosophen in Moderne und Postmoderne, die von der performativen Funktion von Sprache reden (vgl. Sprechakttheorie nach Austin/Searle, d.h. Sprache beschreibt nicht nur, sondern erwirkt das Ausgesprochene tatsächlich), scheinen nicht begriffen zu haben, was Luther hier entdeckt hatte.

In einer seiner Psalmenvorlesungen kam Luther auf einen erschreckenden Passus über weltliche Angelegenheiten zu sprechen: „Der im Himmel wohnet, lachet ihrer und spottet ihrer“ (Psalm 2,4). Welche zerknirschte oder dem Tod geweihte Seele kann solche Worte ertragen? Lacht Gott, während wir vergehen? Luther entdeckte jedoch, dass sich alles verändert, sobald Gott nicht mehr lacht, sondern *spricht*.

Was und in welchem Ton wird er sprechen? Wir müssen hier die hebräische Ausdrucksweise beachten. Wenn die Schrift sagt, Gott spreche, versteht sie es so, dass ein Wort sich mit einem konkreten, realen Ding oder einer Hand-

> lung verbindet *(verbum reale)*, nicht bloß einem Klang [...] Und wenn er spricht, zittern die Berge, fallen Königreiche, bewegt sich die ganze Erde. Seine Sprache ist eine andere als die unserige. Wenn die Sonne aufgeht, wenn die Sonne untergeht, spricht Gott. Wenn die Früchte heranwachsen, wenn Menschen geboren werden, spricht Gott. Deshalb sind Gottes Worte nicht bloß leere Luft, sondern großartige, wunderbare Dinge, die wir mit unseren Augen sehen und mit unseren Händen fühlen. Denn, als der Herr, wie Mose in Genesis 1 schreibt, sagte: „Lass' uns eine Sonne machen, und einen Mond, lass' die Erde Bäume hervorbringen," etc., sobald er das gesagt hatte, war es geschehen [...] So wie die griechischen Dichter Homer und die lateinischen Virgil haben, dessen Stil sie nachahmen, so lernten die Propheten von Mose, wie man richtig von den Werken Gottes redet. Denn sie sahen, dass im Fall Gottes *Reden gleich Tun* ist und dass das *Wort Handlung* bedeutet.[15]

Nachdem Luther erkannt hatte, was es mit diesem *verbum reale* – dem echten Wort, das wirkt, was es sagt – auf sich hatte, gab es kein Zurück mehr. In Theologie und Kirche blieb kein Stein auf dem anderen. Die Grenzen zwischen Theorie und Praxis, Ideal und Wirklichkeit waren überschritten. Die Worte des Priesters waren ja keine bloßen Beschreibungen oder Urteile, sondern sie veränderten die Welt und den Lauf der Geschichte. Gott war nicht nur der erste Beweger des Weltalls (sog. „erste Beweger", Gottesbeweis des Aristoteles), sondern der Erhalter der Welt, der jeden Moment neu schafft. Und er war nicht nur Erhalter, sondern *mischte sich ständig ein*. Gott mag in den Himmeln, außer Sichtweite, lachen; zu uns aber spricht er als sei er auf Erden. Dreh- und Angelpunkt der Welt ist Gottes Verheißungswort. Ein gesprochenes Wort mag schwach erscheinen, das wohl Flüchtigste auf Erden; es ist Gottes Mittel (seine Maske), Sünder zu rechtfertigen und den Tod zu überwinden.

Ein Priester ist also nicht hauptsächlich Richter, sondern verkündender Botschafter Christi, der dazu ermächtigt ist, an Ort und Stelle Sünden zu vergeben. Wenn ein

Priester einem Sünder vergibt, geschieht das gemäß Christi eigener Verheißung: „Wer euch hört, der hört mich." (Lukas 10,16) Christi Wort ist kein Zusatz zu den schon existierenden wirklichen Dingen, als wenn sein Wort lediglich eine weitere Perspektive böte oder eine weitere Philosophie oder Religion entstehen ließe. *Christus ist das Wort,* und das Wort war nicht nur von Anfang an bei Gott, das Wort *ist* Gott (Johannes 1). Also entsteht bei jedem neuen Wort Christi eine neue Schöpfung. Im Sakrament der Buße ist Christus nicht nur das Wort, sondern der Schöpfer alles Neuen, da er von den Toten auferstanden und der Herr über das Reich des Geistes ist. Wenn also Christus bestimmt, die Toten mit dem schlichten Befehl „Steh auf, Lazarus!" auferstehen zu lassen, dann geschieht es so. Für Gott gilt: *Sprechen ist Handeln.* Lazarus verließ nicht sein Grab, weil ihn sein freier Wille plötzlich dazu bewegt hatte, sondern weil ihm ein externer Befehl erging durch Gottes Wort, das tut, was es sagt.

Metaphysisch gesehen, decken sich Gottes Wort und die Wirklichkeit. Luther verstand endlich, dass der Kern des Bußsakraments der Anbruch der neuen Schöpfung durch Gottes Wort war. Die Aufgabe des Priesters ist es, Vergebung für den einzelnen Sünder zu erwirken, indem er die Verheißung ausspricht: „Durch Christus erkläre ich die volle Vergebung deiner Sünden." Sonst verkaufte die Kirche ihr geistliches Erbe weit unter Wert, und die Welt könnte dabei noch nicht einmal – abgesehen vom Preis einer Beratungsstunde – zwischen einem Therapeuten und einem Priester unterscheiden.

Überflüssiger Christus

Ein drittes schwerwiegendes Problem mit der Buße kam hinzu. Sie brachte nicht nur Selbstgerechtigkeit und Verzweiflung, sondern ersetzte echte Absolution durch Einsatz von und Taktieren mit Strafen und machte (und das ist wohl am schlimmsten) Christus überflüssig. Da dem Priester die unmögliche Rolle zukam, innere Zustände beurteilen zu müssen, konnte er nur Worte der Vergebung aussprechen, die mit einem großen „vielleicht" überschrieben waren. In seiner Galaterbriefvorlesung, die er in fortgeschrittenem Alter hielt, berichtete Luther von der damals aktuellen klösterlichen Absolutionspraxis, damit die Nachwelt erführe, wie unglaublich grenzenlos und unerhört die Gräuel des Vatikan waren:

> Form der Absolution unter den Mönchen.
> Es verschone dich Gott, Bruder.
> Das Verdienst des Leidens unseres Herrn Jesus Christus, das Verdienst der seligen Immer-Jungfrau Maria und aller Heiligen, das Verdienst des Ordens, die Mühsal der Religionsausübung, die Demut des Bekenntnisses, die Reue des Herzens, die guten Werke, die du getan hast und tun wirst gemäß der Liebe unseres Herren Jesu Christi, mögen dir zur Vergebung deiner Sünden gereichen, zum Wachstum des Verdienstes und der Gnade und zum Lohn des ewigen Lebens. Amen.[16]

Das strotzt ja nur so an Werkgerechtigkeit! Christus wird hier zwar genannt, jedoch nur in der Form eines Wunsches, der von dem abhängt, was *der Mensch* tut. Luther erkannte, dass sich die Form, wie die Kirche die Buße praktizierte, in einem christologischen Problem verfangen hatte, das Christus total überflüssig machte, weil sich der Mensch die Erlösung selbst erarbeiten musste (oder zumindest einen Großteil dazu beitragen).

Es ist unglaublich, dass es der christlichen Kirche mit der Lehre von der Vergebung tatsächlich gelungen war, Christus aus dem ganzen Geschehen auszuschließen. Der freie Wille und das Gesetz waren zu den einzigen unentbehrlichen Wahrheiten des theologischen Systems geworden. Christus wurde zum Außenbeobachter. Er entschied, ob ein der Sünde Reuiger die gesetzlichen Bedingungen für die Rechtfertigung erfüllte. An Christus sollte man sich ein

Beispiel nehmen und sich bei jeder Handlung fragen: „Was würde Jesus tun?“ Das spornte den Willen an. Luther war entrüstet, man dürfe Jesus doch nicht zum Juraprofessor machen (wie es der Papst tat).

Eine Theologie zu entwickeln, die Christus überflüssig macht, verheddert sich. Es geht nicht darum, dass Christus keine Erwähnung findet, sondern dass zwei der wichtigsten Wörter des Evangeliums, „Rechtfertigung“ und „Glaube“, ihre Bedeutung verlieren (wie Paulus in Galater 2,16 betont: „dass der Mensch durch Werke des Gesetzes nicht gerecht wird, sondern durch den Glauben an Jesus Christus“). Rechtfertigung war zu einem Begriff geworden, der das innere Streben des Willens nach Perfektion beschrieb. Gottes Hilfe in diesem Prozess (man mag sie Gnade nennen) lieferte lediglich den Verdienst, den die Verwandlung eines Sünders in einen Gerechtfertigten gemäß Gesetz verlangte. Christus gab es obendrauf. Der Glaube war nur das individuelle Potential, ein leerer Eimer, den Handlungen verordneter Liebe füllen sollten – *fides caritate formata,* wie es im Fachjargon der Scholastik hieß.

Diese Synthese eines zurechtgestutzten Gesetzes und einer Art halben Gnade lässt den Willen jedoch verzagt oder selbstgerecht hochnäsig verenden. So sieht das zweischneidige Schwert aus, mit dem sich die frommen Christen brüsten, die Gesetz und Evangelium durcheinander bringen. Wie auf einer Schaukel schwingen sie zwischen Depression und Stolz hin und her; so auch die Priester, die dabei zu kämpfen haben, den Beichtenden/Patienten durch die Buße am Leben zu erhalten. Beide Dispositionen zerstören den Glauben an Christus, indem sie seine Stelle mit dem erneuerten Willen des Menschen als letzten Schritt auf dem Heilsweg besetzen. Kurz und bündig schreibt aber Paulus: „denn wenn die Gerechtigkeit durch das Gesetz kommt, so ist Christus vergeblich gestorben.“ (Galater 2,21) Beides geht nicht – Gesetz *und* Christus. Außerdem gibt es nichts Absurderes als Christus auszuklammern. Der macht das nicht mit. Er wird eingreifen. Er ist freigekommen, ja

sogar vom Tod! Christus kam in die Welt und stellte das Heilssystem auf den Kopf, das die Kirche mit der Buße entwickelt hatte. Der auferstandene Christus ist ein freier Christus, der sich weder vom Gesetz noch von den eitlen Versuchen des Sünders, das Gesetz zu bändigen, einschüchtern oder einengen lässt.

Wenn das wahr ist, was ist dann zu tun, wenn Christus dir in den Worten des Predigers begegnet, der die wahre Vergebung der Sünden erklärt? Luther formulierte in einer Pfingstpredigt zu Johannes 3,16 ganz platt:

> Die Welt wird nicht gerichtet, weil sie gegen die Gesetze verstieß, die Mose von Gott offenbart wurden. Der Urteilsspruch ist ein anderer: Die Welt wollte den Sohn nicht! [...] Andere Sünden sind bloße Mückenstiche im Vergleich, wie wenn meine Kinder Hans und Lena in die Ecke gehen und pupsen und wir alle lachen. Der Glaube macht das genauso, er bedeckt den Gestank unserer Exkremente vor Gott.[17]

Luthers neues Seelsorgekonzept

Luthers Theologie kommt immer wieder auf den Punkt der Seelsorge. Dabei fragt sie auch, wie man Menschen Christus vermittelt, die gar nichts von ihm wissen wollen.

Warum wollen sie Jesu Gerechtigkeit nicht geschenkt? Weil sie nicht sterben wollen. Stattdessen halten sie lieber an ihrem Traum fest, dass sie dadurch, dass sie mit einer Portion Gottesgnade immer besser werden bei den Gesetzeswerken, vor einem zornigen Gott bestehen können. Luther war davon überzeugt, dass das ganze Gedankengebäude, das auf dieser schlechten Seelsorgetheorie fußte, abgerissen werden musste. Die Priester waren keine Mittler zwischen Mensch und Gott, nur weil sie vermeintlich besänftigende Opfer darboten oder für die Sünder beteten. Allein Christus konnte zwischen den zornigen Gott und den Sünder treten. Priester aber sollten „Mittel" in eine andere Richtung sein; es war doch ihre Aufgabe, Sünder freizusprechen und ihnen zu vergeben. Das bestätigte Luther seinen studentischen Priesteramtskandidaten gern am Beispiel Johannes des Täufers. Die Sünder, die sich bekehren und aufrichtig dem Guten zuwenden, sollten die einfache johanneische Predigt hören. „Tut Buße!" – nicht nur ein bisschen, sondern, wie Luther es in seinen 95 Thesen verdeutlicht, ganz und gar: Gott verlangt, dass das *ganze Leben* eine komplette Wendung nimmt.[18]

Nichts hat ein Sünder so nötig wie die Chance auf ein neues Leben. Jeremia spricht sogar davon, dass man ein neues *Herz* brauche (Jeremia 31,33). Eine neue Person muss werden, inneres Aufräumen allein genügt nicht. Der Priester muss zusehen, dass durch das Gesetz *niemand* gerecht wird vor Gott. Entkommen sinnlos! Phantasieren verboten, Unsinn sowieso! Keine Versteckspiele mehr vor dem Gesetz. Es hat den Sünder anzuklagen, nicht nur seine Fleischlichkeit und seine sinnlichen Gelüste, sondern auch seinen freien Willen. Die Bestrafung der Sünde ist der Tod. Ein derartiges Urteil fällt nicht aufgrund der Zerknirschung eines Sünders, sondern weil gesetzestreue Menschen Jesus Christus ans Kreuz nagelten.

Solch eine Aussage war wohl nur zu Zeiten Jesu möglich. Das Ende des Gesetzes und der Anbruch einer neuen Welt konnten ausgerufen werden. Besonders in Adventspredigten betonte Luther gerne, dass der zweite Teil der Predigt Johannes des Täufers „den langen Zeigefinger“ zurückbringen sollte, der den Sünder von sich selbst zu Christus bringt. „Denn da ist er vorhanden, von dessen Fülle wir alle Gnade um Gnade nehmen müssen (Joh 1,16), und kein Mensch kann vor Gott ohne ihn gerecht sein.“[19] „Siehe, das Lamm Gottes!“ ist die neue Botschaft, die die johanneische Predigt eröffnet. Nach Empfang des Evangeliums ist das Gesetz in die Stimme des Gewissens zu verbannen, von wo aus nur Christus sprechen darf. Aus seinem Mund kommen nur Verheißungen: „Tut Buße und glaubt an das Evangelium.“ (Markus 1,15)

So langsam dämmerte es Luther, dass das in Christus offenbarte Buße-Tun nicht einfach die Form von Reue war, die von auferlegter Strafe und Werkgerechtigkeit gefolgt wurde. Es bedeutete die radikalste vorstellbare Veränderung. Die Buße tötet den alten Sünder (den „alten Adam“) und erweckt den Toten zu neuem Leben, „in Gott geboren“. Das wiederum stürzt den Büßer von dem Thron seines Selbst als aktives Subjekt der Buße *und* fortbestehendes Objekt göttlicher Hilfe. Der Sünder durchläuft nicht einfach einen Prozess der „Sündenreinigung“, während er im Grunde dieselbe Person bleibt. Anstatt dass die *Sünde* vom Menschen entfernt wird, so Luther, ist es der *Mensch,* der von der Sünde entfernt wird – durch Tod und Auferstehung. Der Sünder ist nicht der, der aktiv handelt, sondern der, an dem gehandelt wird (passiv).

Sobald das Gebäude der alten Bußform einmal zusammengefallen war, fand Christus wieder seinen zentralen Platz in der Verkündigung des Priesters. Und auch die Taufe rückte wieder ins Zentrum der Predigt als der einzigen, ewigen Quelle des christlichen Lebens, die von der Ursünde niemals „verbraucht“ oder durch Folgesünden nutzlos geworden war. In dem „Sakrament“ der Buße[20] handelt Christus. Er ist der Aktive, dessen Kreuz die wahre Buße erwirkt und dessen Verheißung so machtvoll ist, dass es keinem Gesetz gleicht. Sündenvergebung ereignet sich

ausschließlich über die Macht des Verheißungswortes. In seinem *Kleinen Katechismus* lehrt Luther, dass die Taufe Sündenvergebung erwirke, von Tod und dem Bösen erlöse und allen, die da glauben, ewiges Heil gebe, *gemäß der Worte und der Verheißung Gottes.*

Luther erkannte plötzlich einen Christus, der aus der Blase des ewigen Gesetzes selbst ausbrach. Gottes „absolute Freiheit", über die die Nominalisten nur spekuliert hatten, zeigte ihre zentrale Bedeutung in Luthers eigenem Leben. Sie schien ihn förmlich zu verfolgen. Wenn schon der freigelassene Prometheus das weltliche *business as usual* auf eine harte Probe stellte, kann man sich gut vorstellen, wie es mit dem entfesselten, auferstandenen Christus war, der die Dunkelheit der Welt durchdrang – er war der Anfang vom Ende dessen, was der Welt heilig war. Deine Rechtfertigung ist Christus allein, jenseits des Gesetzes. Werke bringen dich nicht weiter, sondern allein das Vertrauen auf Gottes verkündetes Wort und seine Verheißung.

Schon 1519, als das *verbum reale* für Luther immer mehr Gestalt annahm, stellte er das Bußsakrament auf den Kopf: „Der Priester tut nichts weiter als ein Wort zu sprechen und das Sakrament ist schon da.“[21] Das bedeutet, dass Priester, die von Christus selber bevollmächtigt sind, eine wirkungsvolle Verheißung weiterzugeben haben: „Ich will dir die Schlüssel des Himmelreichs geben: alles, was du auf Erden binden wirst, soll auch im Himmel gebunden sein, und alles, was du auf Erden lösen wirst, soll auch im Himmel gelöst sein.“ (Matthäus 16,19) Die Kirche sprach vom „Amt der Schlüssel“. Die Absolution als Grund des Sakraments. Das Verheißungswort Christi erteilt dem sterbenden Sünder die Vergebung in der Aussprache desselben.

Luthers Entdeckung läutete eine neue Seelsorgeform ein. Wahre Buße bedeutete, dass sich der Mensch selbst radikal veränderte. Dies konnte allerdings nur durch die Tötung des alten Adams und das Erwachsen einer neuen Kreatur geschehen und nicht durch Selbstdisziplinierung und Selbstgerechtigkeit.

Luther strich die Buße zwar offiziell von der Liste der Sakramente, jedoch nur, weil auch das Amt der Schlüssel und die Sündenvergebung anders positioniert waren und nun im Zentrum der priesterlichen Tätigkeit und des christlichen Lebens überhaupt standen. Das verkündete Wort selber wurde zum Sakrament. Hier, im Herzen der Seelsorgetätigkeit, endete schließlich die Macht des Papstes, die aus der vorgeblichen Bevollmächtigung zu „befehlen“ und zu „verbieten“ (besonders *im Inneren* des christlichen Gewissens) hervorging. Wenn Christus uns vom Herzen aus regiert, erklingt in uns eine Stimme: „Du bist mein; ich habe dich erobert.“ Der Prediger wurde die „örtliche Vergebungsstelle“. Gottes Wort in Christus wirkt exakt das, was es sagt: Schöpfung aus dem Nichts.

Wie in der Geschichte, in der Jesus zwölf Aussätzige heilt und sie zum Tempelpriester schickt, um die Heilung öffentlich anerkennen zu lassen, war Luther dabei, den Unterschied zwischen Verheißung und Buße offenzulegen. Was ist die größere Macht – eine Heilung anzuerkennen oder zu heilen? Die Welt zu verändern oder nur zu bestätigen, dass sie schon verändert ist?

Kapitel 6

Worum geht's in der Theologie? Um den sündigen Menschen und den rechtfertigenden Gott

Denn wir sind zwar gerettet, doch auf Hoffnung. Die Hoffnung aber, die man sieht, ist nicht Hoffnung; denn wie kann man auf das hoffen, was man sieht? Wenn wir aber auf das hoffen, was wir nicht sehen, so warten wir darauf in Geduld.
(Römer 8,24–25)

Eine Zeit lang schien sich der moderne Mensch nicht besonders für einen Gott zu interessieren, der so anders war als er selbst. Über Gott und Religion im Allgemeinen öffentlich zu reden, ist bis heute genauso verpönt wie sich über Politik zu unterhalten. Religion und Politik sind Privatsache. Die gehören auf keine Party. Und eine atheistische Phase scheint schon allein aus Coolness-Gründen zum Erwachsenwerden dazu zu gehören. Wie es aber heißt: Die

Not lehrt beten. Wir haben nicht nur einen Weltkrieg erlebt, der eine brutale, schier unvergleichliche Massengewalt freisetzte. Ein ganzes Volk wurde zum Sündenbock. *Genozid* – Völkermord! Der menschliche Fortschritt auf dem Rückschritt. Auch das Denken und Philosophieren kam in die Krise. Und der seit dem 16. Jahrhundert in Vergessenheit geratene Martin Luther fand plötzlich wieder Gehör. Seit dem späten 19. Jahrhundert machten sich Theologen und Historiker daran, die Werke Luthers zu sammeln und neu herauszugeben. Das war der Auftakt der sog. *Luther-Renaissance.* Die Kreuzestheologie mied man so lange, bis danach gefragt wurde, wie menschliche Freiheit und Rückgriff auf die wissenschaftliche Vernunft Gräueltaten überhaupt haben zulassen und fördern können.

Luther war kein Held. Seiner Theologie wird im Zusammenhang des nationalsozialistischen Völkermords gerne ein unterschwelliger Antisemitismus vorgeworfen; Luther hatte immerhin behauptet, es sei besser, Synagogen von der Regierung verbrennen zu lassen als öffentliche Blasphemie an Christus zuzulassen – eine Blasphemie, die er den Juden anlastete, wie es die meisten Christen taten. Trotz seiner eigenen Sünde entdeckte Luther etwas in der Bibel und über unser Leben, das in Vergessenheit geraten war: Es gibt keine *atheistischen Epochen,* weil es hier auf Erden *nur* Bunker gibt (Jesaja 42,22: „Sie sind alle gebunden in Gefängnissen und verschlossen in Kerkern").

Luther hatte eine Tochter, die in seinen eigenen Armen starb. Die Trauer über den Tod seines geliebten Kindes, die ihn innerlich fast zu zerbrechen schien, trieb ihn aber genau zu dem Gott, der ihm sein Kind genommen hatte. Einen anderen kannte er nicht. Er hatte kein Interesse an haarspalterischen Erklärungen dieser Tragödie, etwa dass Gott den Tod seines Kindes nicht gewollt oder gar nichts damit zu tun habe oder dass er den Lauf der Dinge beim besten Willen nicht hätte ändern können. Luthers Gottvertrauen wurde ihm zum Problem; *dass* er einen Gott hatte, wurde ihm zum Problem. Den einzigen Trost fand er in Psalm 116: „Ich glaube, auch wenn ich sage: Ich werde sehr geplagt." (v.10) Sollte der Sinn des Lebens darin bestehen, Probleme vorläufig in der Hoffnung herunterzuspielen, sie lösten sich dadurch auf, ist es wohl besser, gar nicht erst an Christus zu glauben.

Man treibt Theologie nicht vom Sofa aus, auch wenn dies ein feiner Ort zum Lesen ist. Über das *Leid,* das einem widerfährt, kann sich manchmal gute Theologie entwickeln, wenn das erste Ergebnis auch oft zunächst mittelmäßig sein mag. Jeder hat seine eigene *Lebensphilosophie,* die er

anderen gerne mitteilt. Wie aber findet man eine spirituelle Heimat? Wie lässt sich entscheiden, ob es sich besser als Buddhist oder als Scientologe lebt? Ob evangelisch oder katholisch? Atheist oder Verfechter einer selbst gebastelten Religion? Luthers Religion setzte woanders an; nicht an dem typischen Punkt der eigenen persönlichen Philosophie oder der übergreifenden historisch-kulturellen Traditionen, streng genommen nicht mal an denen des Christentums selber.

Die scholastischen Versuche, alles jemals da gewesene theologische Wissen in Summen zusammenzufassen (vgl. Thomas von Aquins *Summa Theologiae*), belächelte Luther und konterte, wahre Theologie bestehe gerade aus der kleinen *summa* zweier, ganz einfacher Momente: „mir, dem Sünder" und „Gott, dem Rechtfertiger" (durch die Lupe der Theologie jeweils vergrößert). Wenn Theologen über den Menschen reden, bedienen sie sich gezielt der Gesetzesworte Gottes, um den Sünder ins Rampenlicht zu stellen, andernfalls fiele er vielleicht gar nicht auf. Das ist mit der naturwissenschaftlichen Forschung vergleichbar, die Untersuchungsobjekte durch ein Mikroskop betrachtet. So ungefähr verhält es sich auch in der Gotteslehre, wenn Theologen von Gott sprechen. Irgendwann wenden sie sich aber von den hochtheoretischen Diskussionen ab und finden das Wesen Gottes in Jesus Christus. Die Lupe vergrößert Gott, den *Rechtfertiger* und *Erlöser*. Verliert man entweder den Rechtfertiger oder den Erlöser aus den Augen, bricht die Verbindung zur Wirklichkeit ab, was die Tür für Mythen, Illusionen, Projektionen, Wunschvorstellungen und andere Träume kranker Sünderseelen öffnet.

Luthers Ansatz betrachtet Gott und Mensch zusammen, jedoch miteinander kämpfend. Das heißt: Das Ausgraben des „Kerns" durch die Theologie ist wohl eine härtere Angelegenheit als bloßes Faktensammeln oder ein Verhalten, das den Menschen besser machen soll. Vielleicht ist das mit der „Einübung" von Romantik vergleichbar. Vor dem Spiegel lässt sich ein „Ich liebe dich. Möchtest du mich heiraten?" gut proben, aber es vor dem Partner auszusprechen, wenn einem die Knie zu zittern beginnen, ist doch etwas ganz anderes.

Von dieser Perspektive aus unterschied sich Luthers Verständnis dessen, wozu Gott einen Theologen beruft, radikal von anderen Theologen: „Ein Jurist sieht den Menschen aus der Perspektive von Besitz und Eigentum; ein Arzt fragt nach Gesundheit und Krankheit; ein Theologe aber betrachtet den Menschen unter dem Aspekt der Sünde.“[22]

Erkenne dich selbst

Das Ziel eines reflektierten Lebens sei, so Sokrates, die *Selbsterkenntnis.* Man könnte meinen, dass das zu den einfacheren Übungen gehört, die das Leben so bereitstellt, kennt man sich selbst doch am besten. So leicht ist das aber gar nicht. Wie vermittelt ein Pfarrer seiner Gemeinde ein rechtes Sündenverständnis (das wohl zur Selbsterkenntnis eines Christen gehört)? Andererseits: Warum sollte sich die Welt überhaupt mit Dingen belasten, die sich nicht ändern lassen? Die Beziehung zu sich selbst nehmen die meisten Menschen aus einer äußerst verengten, wenn nicht gar getäuschten (weil subjektiven) Perspektive wahr. Um dieses Problem zu lösen, bedient sich Gott des Gesetzes. Luther nimmt kein Blatt vor den Mund: Sich selbst zu (er)kennen, bedeute, sich als Sünder zu erkennen.

Das einzige, was Gott verlange, sei Glaube und Vertrauen auf sein Wort. Das ist für manch enttäuschten Menschen gar nicht so einfach. Wie gelangen Menschen zu dem Selbstverständnis, sich als Sünder zu identifizieren – ganz und gar?

Einer der wichtigsten Beiträge Luthers zur Theologie ist seine Erklärung des ersten Gebots im *Großen Katechismus,* wo er darüber nachdenkt, was reflektiertes Leben ausmacht. Im Unterschied zu Sokrates fragt er sich: *Was bedeutet es, einen Gott zu haben?* Antwort: Gott ist der, auf den man schaut für alles Gute und alle Hilfe in der Not. Dein Vertrauen, so Luther, ist die *creatrix divinitatis,* die Schöpferin deiner eigenen Göttlichkeit. Der Schlüssel zur Selbsterkenntnis ist die Lokalisierung deines eigenen Vertrauens: Wem vertraue ich? Auf wen setze ich? So ist es, einen Gott zu *haben* und nicht einer zu *sein.* Es kann

passieren, dass sich ein fehlgeleitetes Herz an falsche Götter hängt; genauso darf es aber darauf vertrauen, dass der wahre Gott der richtige ist. Man entscheidet nicht von einem Tag auf den nächsten, wem oder was man vertraut. Vertrauen ist kein Lichtschalter, der sich beliebig an- und ausknipsen ließe. Es sei oft schockierend, so Luther, worauf die Leute ihr Vertrauen setzen. Das gilt ja im Grunde bis zum heutigen Tag.

Ob man will oder nicht, man wird in die Welt geworfen und muss sein Vertrauen auf irgendetwas setzen. Die Erfahrung lehrte Luther, dass es Gott ein wichtiges Anliegen ist, den Menschen zu zeigen, worauf sie ihr Vertrauen richten sollen. Wenn etwas über eine Person, einen Priester etwa, ans Licht kommt, ist das eher unangenehm, besonders für selbstverliebte Menschen, die sich, wie Narzisse, gern im Spiegel des Wassers betrachten. In den Menschen ist es nicht nur angelegt, auf etwas zu vertrauen oder sich jemandem anzuvertrauen. Den Charakter eines Menschen einzuschätzen, fällt ihnen schwer. Sie fürchten nichts mehr als ihr Vertrauen auf die falschen Menschen und Dinge zu setzen. Wir sind wie schlechte „Seriendater". Wir suchen nach Liebe, verlieben uns aber stets in den falschen Mann oder die falsche Frau, gieren nach dem, was glänzt und uns schmeichelt. Eines Tages wachen wir auf und wundern uns, wie wir in so ein Durcheinander geraten sind. Luther schreibt diese endlose Suche nach dem nächsten Gott einer schlechten Theologie zu, einem unauslöschbaren Hunger nach Ruhm und Ehre. Diese seien jedoch reine Phantasie, die ihre eigene Dynamik in unserem Leben entwickelt, in der Hoffnung, dass Gott irgendwo mit ein bisschen „Gnade" weiterhilft.

Menschen sind Gewohnheitstiere, auch Sünder sind Gewohnheitstiere. Das macht es Gott nicht unbedingt leichter. Das lässt sich vielleicht ganz gut mit der Situation einer unglücklichen Liebe vergleichen. Ein Mensch verliebt sich in einen anderen, der jedoch einen Dritten liebt. Jemandem zu vertrauen ist noch schwerer als jemanden zu lieben. Vertrauen heißt, diesem anderem seine *gesamte Zukunft* zu überantworten. Schön, dass Gott nicht nur die Dummheit auffliegen lassen will, dass wir unser Herz an die falschen Idole gehängt haben, sondern damit das Ziel seines „eigentlichen“ Handelns verfolgt. Gott hat einen (kostbaren) Weg gefunden, unser Vertrauen zu gewinnen: den Weg des *Kreuzes*.

Wie erreicht es Gott, dass wir uns selber erkennen, während wir unsere Hoffnung noch auf etwas Falsches setzen? Er zeigt sich dem Menschen. Immer wieder. Für Gott ist das so, als ob er mit jemandem zusammenlebte, dessen Erinnerungsvermögen sehr gering ist; wäre es nicht so ernst, hätte es etwas Komisches, dass Gott seinen Eigenen ständig wieder einbläuen muss, „Ich bin der Herr, dein Gott, der dich aus Ägyptenland, aus der Knechtschaft, geführt hat. Du sollst keine anderen Götter haben.“ (Exodus 20,2)

Ob es einem gefällt oder nicht: Was Gott von dir hält, bestimmt, *wo du im Leben stehst*. Denkt man mal länger darüber nach, ist das gar nicht so ungewöhnlich. Viele Menschen bringen ihr gesamtes Leben damit zu, mit Eltern klarzukommen, die sie scheinbar nicht geliebt haben. Ist es da überraschend, dass einem wichtig ist, was ein sich eifersüchtig nennender Gott von einem hält – selbst, wenn der Schluss nahe läge, dass da draußen im Weltall nichts zu finden ist außer kalter, eisiger Leere? Ein entscheidender Punkt bei Luthers Überlegungen zum ersten Gebot war, dass er begann, *relational* (in Beziehung) zu denken – als ersten Schritt, das eigene Vertrauen zu offenbaren. Er überlegte also nicht, was Dinge in sich selbst (in ihrer Substanz) sind, sondern in welcher Beziehung sie zueinander stehen. Er lernte ferner, dass das, was den Menschen tatsächlich ausmacht, weder seine Vergangenheit noch seine Herkunft sind, sondern die Zukunft und wohin er geht. Der Kern des Lebens liegt in dem, was der Mensch sich *erhofft* – oder besser: *auf wen* er seine Hoffnung setzt.

Wie man lernt, die Geschöpfe warten zu hören

Ein Förster weiß, dass es wichtiger ist, die Vögel zu hören als sie zu sehen. Ein Therapeut hat gelernt, Projektionen eines Patienten zu ignorieren und dem tatsächlichen Grund seines Leidensdrucks nachzugehen. Ein Theologe muss lernen, Gott nicht länger beschreiben und gegen böse Zungen verteidigen zu wollen, sondern die Geschöpfe warten zu hören. Luther hatte diese etwas eigenartig anmutende Perspektive bei Paulus gefunden:

> Anders philosophiert und denkt der Apostel über die Dinge als die Philosophen und Metaphysiker. Denn die Philosophen richten ihr Auge so tief auf den gegenwärtigen Zustand der Dinge, daß sie nur über ihr Wesen und über ihre Eigenschaften spekulieren. Der Apostel aber wendet unsere Augen von der Betrachtung der Dinge, wie sie gegenwärtig sind, von dem, was sie ihrem Wesen nach sind und was zu ihren zufälligen Eigenschaften gehört,

> weg und richtet sie auf die Dinge, *wie sie zukünftig sein werden.* Denn er redet nicht vom „Wesen" oder „Tätigkeiten" der Kreatur oder von ihrem „Handeln" und „Erleiden" und „Bewegung", sondern er redet von dem „sehnsüchtigen Harren der Kreatur", so daß er damit, daß die Seele *ein Ohr hat für dies Harren der Kreatur,* nicht mehr auf die Kreatur selbst, sondern worauf sie wartet, sein Augenmerk richtet und danach fragt.[23]

Dem Pastor Luther lag das Seelenheil der Menschen am Herzen, die Seelsorge. Seines Erachtens musste die Theologenzunft endlich damit aufhören, sich in endlose Diskussionen über Substanzen, also Dingen in sich selbst, zu verlieren. Will man zu den wirklichen Seelen- und Gewissensangelegenheiten vorstoßen, muss man ein Ohr haben „für das Harren der Kreatur". Luther nahm eine Beobachtung von Augustinus hinzu, die ursprünglich auf Platons Studenten zurückging, pointierte sie jedoch entscheidend: „nach jenem Worte des sel. Augustin: ‚Die Seele ist viel mehr, wo sie liebt, als wo sie bloß den Leib beseelt.' [...] So verwandelt die Liebe den Liebenden in den geliebten Gegenstand."[24] Nettes Wortspiel! Was soll das? Wir sind nicht einfach Dinge oder Substanzen, die für sich existieren, oder Seelen, die so lange nicht real existent sind bis sie ihr Potential in der Verfolgung eines Zieles ausleben. Wir sind *Liebesbeziehungen.* In der Liebe findet ein Austausch statt. Wir übergeben uns einem anderen, um uns (idealerweise) in einer neuen Form wiederzugewinnen als jemand, der nicht nur *liebt, sondern geliebt wird* (der „Liebende" wird zum „Geliebten" durch die Liebe). Ein jeder kennt einen Menschen, dessen Liebe nicht erwidert wird. Das ist keine echte Liebe, denn der „Liebende" wird nicht zum „Geliebten". Augustinus geht darüber hinaus. Echte Liebe kann andere und einen selbst *verändern.* Das ist natürlich ein gefährlicher Gedanke, besonders, wenn ein Mensch einen anderen mit der Erwartung heiratet, er könne den anderen durch seine Liebe verändern. Zu viele Menschen haben ihr Herz verschenkt und sind verletzt worden oder haben selber verletzt. Und je länger und je öfter das passiert, desto schlimmer.

Luther korrigierte Augustinus mit einem Satz von Paulus: „Denn wir sind zwar gerettet, doch auf *Hoffnung* [nicht *Liebe*].“ (Römer 8,24) Er spielt mit den Worten des Augustinus: „So geschieht's, daß aus dem Gegenstand, den man erhofft, und dem Hoffenden durch die gespannte Hoffnung gleichsam eine Einheit entsteht.“[25] Wo Augustinus „Liebe“ sagt, spricht Luther von „Hoffnung“. Und was soll das heißen? Luther verschiebt die Perspektiven: von der Gegenwart in die Zukunft, von der Liebe zur Hoffnung. Was der Mensch ist und was Gott von ihm hält, findet sich im Glauben. Wichtiger noch, die Richtung ändert sich: von dem, was die Liebe will, zu dem, auf das man wartend hofft. Der Liebende verfolgt ein Ziel; der Hoffende wartet. Wem vertraust du? Vertrauen fällt nicht vom Himmel, sondern findet sich in den Worten der Verheißung, die über dir hereinbrechen und den normalen Lauf der Dinge durcheinander bringen. *Vertrauen hängt von der Ankunft des anderen ab.*

Es ist doch oft so, dass sich Menschen verlieben, wenn sie es am wenigsten erwarten. So etwas hat man nicht in der Hand – würde's aber auch nicht ändern wollen. Luther dämmerte es: Hoffnung ist kein Ziel, das sich setzen lässt, auch keine Option unter vielen anderen, sondern etwas, das man empfängt – analog zum sich verlieben könnte man von *sich verhoffen* reden. Man *vernimmt* eine Verheißung, die alles verändert. Theologen nennen das Eschatologie – Warten auf die *endgültige* Wahrheit. Worauf du dein Vertrauen setzt, das *wirst* du durch gespanntes Hoffen und Harren. Dein Glaube wird dich rechtfertigen oder verdammen; er wird dich zermürben oder trösten und dir eine weltliche Heimat in der Gemeinschaft mit Gottes und den Mitmenschen geben. Derartiges Vertrauen liegt nicht in deiner Hand; du musst warten und darauf hoffen, es zu erhalten.

Wir werden zu dem, auf das wir vertrauen

Wir Menschen werden vielleicht nie aufhören, uns und das, was wir lieben, mit anderen und mit dem, was diese so lieben, zu vergleichen. Letztendlich kennen wir uns selbst aber doch am besten und können uns am besten selbst darin beraten, was wir lieben sollten. Keiner kann dir eher sagen, was du essen willst, ob „die Chemie" bei einer Verabredung stimmt, ob du Picasso oder Warhol magst etc. Vor langer Zeit befragte ich einige Leute, woran man erkenne, dass man verliebt sei. Darauf erwiderten viele: „Du weißt es einfach, frag mal dein Herz." Und sie fragten zurück, ob die Liebe mich nicht glücklich mache. Sie hatten Recht. Liebe ist relativ. Wie ließe sich Geschmack vergleichen? Es hängt alles davon ab, was einem selbst gefällt. Selbst in Hochschulseminaren erreichen wir manchmal den Punkt, an dem wir nur noch subjektive Neigungen vergleichen können und feststellen, dass jeder seine eigene Perspektive hat. Spürst du deiner *Hoffnung* jedoch tiefer nach, wendet sich das Blatt. Denn da bist du dein ärgster Feind.

Luther war bewusst, dass wir uns auf vielfältigste Weise in falschen Hoffnungen verrennen können, besonders, wenn es um viel geht. Wenn sich Vertrauen als Leben-oder-Tod-Angelegenheit entpuppt, willst du sicherstellen, dass du alles dafür tust, den Tod zu umgehen. Hast du jemals versucht, einen Freund davon zu überzeugen, dass er den falschen Partner hat und eine lausige Beziehung führt? Viel Glück. Es ist fast unmöglich, jemanden zu erreichen, der, in einer Lüge verstrickt, auf den Falschen setzt und davon besessen ist. Dieser Mensch hat ein Problem. Multipliziert man das mit 1000, kriegt man ein Gefühl dafür, wie es sein könnte, wenn jemand fest entschlossen ist, die Wahrheit über Wirklichkeit und Nähe des Todes zu leugnen. Versuch mal – wie Tolstoy in der Geschichte von Ivan Illyich – Menschen davon zu überzeugen, dass der Tod nicht nur andere, sondern sie selber etwas angeht. Da wird jeder empfindlich, das geht an die Wurzel.

Wahre Hoffnung – stetiges Vertrauen – ist das Gegenteil dessen, was man zu lieben gewohnt ist. Suchtartig mag man seine Hoffnung vielleicht auf alles setzen, was einem gefällt. Liebe und Hoffnung geraten dabei allerdings fürchterlich durcheinander. Zwischen beiden zu differenzieren, um die Hoffnung richtig zu verorten, ist eine Kunst. Man verliebt sich in das, was das Auge sieht; aber das ist nur die Oberfläche – die glänzende, temporäre Erscheinung eines Gegenstands. Noch gefährlicher wird's, wenn man beginnt, die eigenen Tugenden, Ziele und Ideale zu lieben. „Setz' dir Ziele", „Gib' nicht auf", „Lass dir deine

Träume von niemandem nehmen" – alles Schlagworte, die Kohlen in das Feuer der schwindenden weltlichen Hoffnung auf die sterbenden Götter werfen. Alles leerer „Ruhm", meint Luther. Menschen wollen keine Hoffnung; sie sind an Dingen interessiert. Davon wollen sie viele, am besten sofort. Geld, Ruhm und Ehren für gutes Verhalten sind die gängigsten kleinen Gottheiten um uns herum. Wir Menschen sind ruhmsüchtig. Die „Chemie" muss stimmen, man muss sie ständig spüren, sonst ist die Beziehung vorbei. Die Hoffnung jedoch auf das zu setzen, was allgemein als Ruhm und Ehre gilt, führt in die triste Leere.

Die Bibel zeigte Luther, dass *wahre* Hoffnung oft unvereinbar ist mit dem, was *man will* oder liebt. Aber um uns zu begegnen, ist Gott in die Welt gekommen. So weit hat er sich erniedrigt, dass er von Ruhm suchenden Theologen für tot erklärt wurde. Wie aber kann Jesu Kreuz unsere Hoffnung werden? Ist es nicht unmöglich, diesen Inbegriff von Strafe und Gottes eigener Verdammung zu lieben? Hoffnung ist ein Abstraktum, sie lässt sich nicht sehen; deshalb müssen wir auf sie warten. Wahre Hoffnung ist dort, wo sich keine Liebe, keine „Chemie" ausmachen lässt: Jesus und das, was ihm geschah, hat nichts mit Ruhm und Glanz zu tun, das war und ist ein Skandal, ein Schock! („Er hatte keine Gestalt und Hoheit. Wir sahen ihn, aber da war keine Gestalt, die uns gefallen hätte." Jesaja 53,2)

Nichts in dieser Welt wird wohl so gern gemieden wie der Jesus-Mord, den alle begingen. Niemand kann das Kreuz lieben; egal an wie vielen hübschen Ketten es hängen mag. Lässt sich aber die *Hoffnung* darauf setzen? Könnte Jesu Kreuz genau das sein, worauf du dein Leben lang gewartet hast? Könnte es sein, dass Gott im Kreuz einen Weg gefunden hat, dich davon abzuhalten, anderen Hoffnungsträgern und Träumen, schlechten Liebhabern etc. nachzujagen und dich da zu verwurzeln, wohin du in dieser alten Welt gehörst? Ist es vielleicht die Schmach des Kreuzes, die dich schließlich die wahre Liebe spüren lässt?

Wenn Luther und der Apostel Paulus Recht haben, wirst du zu dem, dem du vertraust. Das Kreuz Jesu Christi sieht den klassischen Aufsteigertypen unter uns Menschen nicht gerade vielversprechend aus. Kann Hoffnung gespannt auf etwas warten, das so trübselig und negativ daherkommt wie ein getöteter Jesus? Darin liegt das Geheimnis der Selbsterkenntnis des Menschen als Sünder, der von Gottes Gesetz offenbart wird.

Kapitel 7

Gefangen und angeklagt: Der menschliche Wille und das Gesetz

Durch das Gesetz kommt Erkenntnis der Sünde.

(Römer 3,20)

Der Schöpfergott schätze den Wert der Dinge in der Welt, so Luther. Weil die meisten Religionen in der Suche nach Gott für eine Abkehr von der Welt werben, zeichnet sich Spiritualität aber eher durch Flucht als durch Hinwendung zu den Dingen aus. Gott offenbart sich auf unterschiedlichste Art – *in* seinen Geschöpfen. Das ist nicht als Pantheismus misszuverstehen. Laut Luther nutze Gott die Dinge als „Masken". Seine Geschöpfe sollten ihn fürchten und lieben. Gott hält nichts zurück. Er, der allmächtige Vater, gibt sich seinen Geschöpfen und dem, was er geschaffen hat, voller Leidenschaft hin. Von der Perspektive der Sünde beeinflusst, nimmt der Mensch diese Hingabe des Vatergottes aber als ein Sich-Verbergen wahr, seine Anwesenheit als vermeintliche Abwesenheit. Ohne das zu berücksichtigen, mag es merkwürdig erscheinen, dass Luthers letzte Genesis-Vorlesung (1535) den *Anthropomorphisten* (mit denen ursprünglich die primitiven, animistischen Religionen assoziiert wurden) den Rücken stärkte. Von allen Philosophien und Religionen seien sie der Wahrheit am nächsten. Sie hatten sich Bilder von Gott gemacht, Totems und Statuen, und geglaubt, Gott darin zu finden. Nach Luther waren diese gedanklich nicht so weit vom Kern entfernt wie die Träumer, die sich in dem vergeblichen Versuch, den niedrigen gemeinen Status des Menschen auf Erden zu transzendieren, an ihren metaphysischen „Ideen“ und „Ritualen“ und „Methoden“ gesteigerter Spiritualität aufhingen. Das einzige, was den anthropomorphen Religionen fehle, sei ein klares, konkretes Wort der Verheißung, das den Totems Konkurrenz machte. Denn die geschaffenen Dinge würden zu leicht zu Anbetungsgegenständen selbst und zu gern als Gottes selbst gestiftete Masken verkannt.

Verstecken spielen

Gott tritt Menschen gegenüber nie nackt auf, sondern „bekleidet“ sich stets mit Dingen seiner Schöpfung. Eine besondere Vorliebe hat er für das menschliche Wort. Gottes „Kleiderliebe“ macht ihn in gewisser Weise jedoch verwundbar. Während der Mensch den nackten, allmächtigen, Schicksal und Glück bestimmenden Gott (vgl. Ödipus) kaum zu bezwingen vermag, *kann* er den sich auch in den Dingen anwesenden Heiligen Geist mit Füßen treten. In der Vermutung, dass sich Gott hinter Worten und Dingen verbirgt, versuchen die Menschen fortwährend, die Dinge zu ihren Gunsten zu drehen. Adam und Eva täuschten sich. Sie dachten, wenn sie Gott *hinter* der

Maske der Schöpfung entdeckten, könnten sie selber *wie Gott* sein. Gott aber wird nicht aufhören, Gott zu sein, selbst wenn Menschen ihn mit seinen Worten, Taten und anderen Erdendingen bedrängen. Kein Wunder, dass Luther der Meinung war, die Schöpfung sei das letzte und zum Verstehen härteste Stück der christlichen Lehre. Nichts ist schwerer, so weiß er schon in seinem *Kleinen Katechismus*, als darauf zu vertrauen, dass Gott uns mit allem versorgt, was wir Tag für Tag benötigen. Unser Vertrauen ist so klein, dass wir nicht einmal sicher sind, ob wir morgen etwas zu essen auf dem Tisch haben, geschweige denn, dass Gott uns durch Glauben gerecht macht.

Statt dessen erfinden wir lieber eigene Leitsätze, mit denen wir uns trösten (und folgen dem Motto „Gott hilft denen, die sich selber helfen."). Im Notfall fällt uns schon ein Gott ein, den wir um Hilfe bitten können. Die Not schaffe viele Götter, so Luther. Wir halten beharrlich an dem Glauben fest, dass sich Gott *hinter* den geschaffenen Dingen versteckt, und fragen uns, ob Gott nicht das Beste für sich behält – einschließlich des Gefühls, Gott zu *sein* und nicht, wie die Menschen, eines Gottes zu *bedürfen*. Betrachtet man die eigene Beziehung zu Gott und den Sinn des Lebens von dieser Warte, spielt man womöglich eher Versteck als dass man sich dem Leben stellt. Gott versteckt sich; wir suchen.

Luther war davon überzeugt, dass es Gott genau anders herum anstellte. Gott, der die Gerechtigkeit ist und das Heilige, die Liebe und das in seinem Wesen Gute, zeigt sich außerhalb der Trinität von Vater, Sohn und Heiligem Geist in menschlichen Worten. Klar, Gott ist der Schöpfer aller; die aber sein Wort empfangen, haben einen entscheidenden Vorteil. Gott hat sein Volk Israel erwählt, indem er ihm sein Wort gab durch Abraham und Sarah, durch die Stammesväter und Propheten, bis schließlich die Zeit reif war, dass er seinen Sohn sandte, um unter seinem Volk Israel zu weilen. Paulus, vor seiner Konversion selbst ein Jude, sagte, es sei „von Vorteil“, Jude zu sein (Römer 3). Jeder andere Erdenbewohner müsse Gott außerhalb seiner Worte suchen und finden – im schweigenden Schicksal oder willkürlichen Zufall. Die meisten Menschen kriegen da Verdauungsprobleme. Man mag sich zu Recht zurückgestoßen fühlen von einem Gott, der nur die einen erwählt, die anderen aber zurücklässt, der entscheidet und vorherbestimmt. Dass Gott aber auch die Unwürdigen beschenkt (Rechtfertigung allein aus Glauben), wird zum größten Stein des Anstoßes: „Wenn Gott so ist, suche ich mir einen anderen oder werde selbst einer.“ „Gute Reise,“ hätte Luther darauf erwidert (vgl. Ausklang des opus magnum *Vom unfreien Willen* von 1525). Luther hat diese Reise selbst angetreten, als er das Mönchsgelübde über Gottes sich selbst schenkende Worte stellte und dabei auf die Nase fiel.

Spanner und Worterfinder

Von Adam und Eva bis heute definiert sich Sünde als Suche nach einer Alternative zu Gott und seinem Wort. Sünder sind nie mit dem zufrieden, was sie (bereits erhalten) haben. Wie die Bettler warten die Heiden darauf, dass etwas vom Tisch der Juden abfällt. Wenn wahr ist, dass Nicht-Juden den Weg zu Gott und seinen Worten *nur über Christus* finden, sind sie es aber gerade, die mit ihrem Widerstand das Versteckspiel eröffnen. Sie stellen sich vor, Gott verberge seine Schätze extra, um sie zu größerer Anstrengung anzuspornen. Vielleicht hoffen sie, dass jeder, der wenigstens versucht, religiös zu sein, die Spitze des spirituellen Eisbergs erklimmen und entdecken wird, dass Gott sich nicht nur in Christus oder irgend einer anderen Religion offenbart, sondern dass Gott der große Entlohner ist, der alle rettet, die die Glaubensanstrengung auf sich nehmen und nach der Wahrheit zu suchen. Gott versteckt sich; wir suchen. Wir suchen; Gott belohnt. Von diesem Katz-und-Maus-Spiel ausgehend, entwickeln die Menschen eigene Gottesdienstformen, von denen sie glauben, dass sie ihren eigenen Bedürfnissen stärker entsprechen. Es fällt nicht schwer nachzuvollziehen, dass die Eigenheiten der Geschichte, der Menschen und der weltlichen Angelegenheiten Gott erniedrigen und beschmutzen.

Ein besserer Gott wäre also einer, der nackt dastünde, der weder spräche noch kämpfte und noch tiefer in den Dreck dieser Welt eindränge. Aber eigentlich wollen wir doch einen Gott, auf den wir so stolz sein können wie auf eine zündende Idee oder ein fernes, aber großartiges Ziel. Wir sind auf einer Mission, die weit mehr ist als die Suche nach Selbsterkenntnis. Wir wollen anerkannt werden, wir wollen Recht haben und eine Erhabenheit gegenüber konkreten Orten, Zeiten und Kulturen ausstrahlen. Mit Kleinkram halten wir uns nicht auf, schon gar nicht mit dem kleinkarierten Pfarrwesen unserer Kirche. Wir wollen wie Gott sein und meinen, zwischen Gut und Böse unterscheiden, und an die Kraft des eigenen Glaubens glauben zu können, der Grund unserer eigenen Existenz zu sein, ohne für jede Kleinigkeit auf Gott angewiesen zu sein und uns ewig an Gottes Verheißungen binden zu müssen. Wir wollen den „richtigen“ Gott, ohne den Schnickschnack der Worte, des symbolträchtigen Apfels, des Körperlichen, der Wassertaufe und Bundesschlüsse in Wort, Brot und Wein – und ohne Juden. Für Luther aber zeugte ein derartiges Verständnis von falscher Spiritualität, die mit dem christlichen Gott nichts zu tun hatte. Es verdeutlichte vielmehr das Fehlen einer adäquaten Innensicht und verkörperte eher den Versuch, von außen durch ein Fenster zu spingsen und innen den nackten Gott zu erblicken. Doch religiöse Spannerei birgt seine Gefahren.

Wir Menschen wollen Gott nackt, ohne Worte und geschaffene „Dinge“, denn wir haben das Gefühl, diese Dinge könnten uns einschränken und spalten und aufgrund ihrer kulturellen und historischen Gebundenheit weniger „spirituell“ sein lassen. Der wahre Grund für falsche Spiritualität liegt jedoch in der Abneigung gegenüber einem Gott, der manche für seine Worte erwählt, die Masse der Menschheit aber links liegen lässt. Ist das aber so? Würde Gott mich tatsächlich auf einen Prediger warten lassen, und wenn dann jemand auftauchte, alle Hoffnung für dieses Leben und das Leben nach dem Tod an einen komischen Boten hängen, der Jesus Christus im Angebot hat? Die Enge und Unvorhersagbarkeit derartiger Gnade scheint grotesk. Das Gefühl könnte sich aufdrängen, wie es Ovid und viele andere schon äußerten, dass es vielleicht gar keine Götter gebe.

Sünder wollen *diesen* Gott nicht und hängen sich lieber an ein selbst geschaffenes Ideal – von einem Gott, der ihnen Raum lässt, die vermeintlichen Lücken seiner Göttlichkeit zu füllen. So wie es ihnen beliebt. Schon mal aufgefallen, dass Gottes Gestalt wie unser idealisiertes Selbst aussieht? Wir wollen Gott nach unserem eigenen Abbild schaffen. Dazu wäre aber noch ein Ersatz für Gottes konkretes, historisch-tradiertes Wort aus unseren eigenen Köpfen zu finden. So öffnet die Schlange die Tür zum Versteckspiel und fragt, „sollte Gott gesagt haben …?“ (Genesis 3,1) In Evas Fall kamen die Ersatzworte von der hinterhältigen Schlange: „Ihr werdet keinesfalls sterben, sondern Gott weiß: an dem Tag, da ihr davon esset, werden eure Augen aufgetan, und ihr werdet sein wie Gott und wissen, was gut und böse ist." (Genesis 3,4)

Das Rezept der Sünde:

1. Empfange ein Wort von Gott: „Esst von den Früchten aller Bäume im Garten bis auf den mitten im Garten." Dann reagiere mit einem verwirrten oder beleidigten „Warum hat Gott das gesagt?"
2. Stelle dir vor, Gott enthält dir das Beste vor und versuche, bessere Worte zu finden: „Gott kann das nicht so gemeint haben, dass du sterben wirst ..."
3. Glaube an deine eigene Macht des Glaubens, so als wäre diese Macht vertrauenswürdiger als die Worte des Heiligen Geistes, die der Prediger spricht.
4. Achtung! Du bist jetzt dein eigener Gott, der selbst bestimmt, was „gut" ist und was „böse".

Die Sünde ist „durch einen Menschen“ (Römer 5,12) in die Welt gekommen und setzt sich in endlosen Variationen fort. Jesus kann nicht wirklich gemeint haben „Nimm und iss, dies ist mein Leib“, oder „Du hast nicht mich erwählt, ich habe dich erwählt,“ oder „Deine Sünden sind dir vergeben.“ Oder? Dann wäre er ja das einzige Heil und ich hätte nichts mehr zu tun; meine Person wäre total egal. Nicht mit mir! Luther glaubte, dass dieses Misstrauen der Menschen Gott so wütend machte, dass er nicht länger darauf vertraute, dass die Menschen zur Vernunft kommen würden, sondern das Böse gezielt provozierte, damit es die Menschen anspringt.

Gott verstockt das Herz des Pharaos

Spätestens seit Herbst 1524 hatte der Humanist Desiderius Erasmus genug von Luther. Er schlug eine öffentliche Diskussion zur Bedeutung des freien Willens für das Heil vor, um dem Volk Luther und seine angeblich so gefährliche Lehre vorzuführen. Luther ließ sich davon nicht beeindrucken. Er war eher froh, dass es endlich mal zur Sache ging. Hauptdiskussionsgegenstand waren folgende Fragen: Verfügen wir Menschen über eine Macht, die wir „Willensfreiheit“ nennen, mit der wir für uns selbst die ewige Erlösung erwirken oder uns davon abwenden können? Rechtfertigt Gott die Unwürdigen, indem er sie tötet und wieder aufrichtet, oder wartet Gott darauf, dass sie, getrieben vom eigenen Willen und geleitet vom Gesetz, kooperieren?

Für Erasmus war das Ganze ein Heimspiel. Als hartnäckiger Versteckspieler stand er in Heilsangelegenheiten natürlich auf der Seite des freien Willens. Sonst schienen Ethik, Kirchengesetz und die Organisation des Lebens selbst hinfällig zu werden. Ohne Wille und Gesetz würde sich Otto Normalverbraucher einfach über Gottes moralische Richtschnur hinwegsetzen und wild über die Strenge schlagen. Wenn das aber alle täten? Die Debatte erreichte den Punkt, dass Erasmus Bibelstellen heranzog, um sein Argument voranzutreiben: Gott hatte das Herz des Pharaos verstockt (Exodus 10,1; Römer 9,17). Eine bessere Stelle hätte er Luther kaum als Vorlage für den klassischen Gegenschlag liefern können: Der Wille des Menschen ist nicht frei, in Heilsangelegenheiten mitzumischen, sondern *gebunden*. Luther war der festen Überzeugung, dass ein gebundener Wille das Beste sei, da wir Christus sonst ganz aus unserem Versteckspiel mit Gott ausschlössen.

Verstockte Gott tatsächlich das Herz des Pharaos? Erasmus konterte, diese Perikope müsse ein Tropus sein, ein Verdreher, der gar nicht meine, was er sagte. Warum aber ein Tropus? Die Aussage bedeutete sonst, dass Gott für alles Böse verantwortlich wäre; der Pharao wäre seines freien Willens beraubt, Gottes Gebot aus eigenen Stücken gerecht zu werden. Erasmus argumentierte, dass die Fülle an Forderungen, die Gott stellte, gar nicht zu bewältigen sei. Die Bibel sage dazu, dass sich der menschliche Wille für oder gegen Gott entscheiden könne. Ein von Gott ausgehendes *Sollen* könne der Mensch nur als *Können* auffassen. Worin läge sonst der Sinn von Forderungen, die der Mensch nicht leisten kann? Nur, wenn es die Instanz des Willens gäbe, die zwischen falsch und richtig ent-

schiede, könnte Gott adäquat reagieren und entsprechend bestrafen oder belohnen. So funktioniert das doch, oder? Sonst wäre Gott keinem externen Gesetz (unvorhersagbar und vorherbestimmend) Rechenschaft schuldig, und die Menschen spornte nichts an, sich besser zu benehmen. Das Gesetz lehrt Gott wie er die Wahlmöglichkeiten des freien Willens verbessern kann, um wiederum seine eigenen Entscheidungen zum Heil der einen und der Verdammung der anderen vernünftig und fair ausfallen zu lassen. Wenn es also in der Bibel heißt, Gott habe das Herz des Pharaos verhärtet, muss das ein Tropus sein, der eigentlich bedeutet, dass der Pharao sein Herz selbst verstockt hat, während Gott gnädig von der Strafe absah (d.h. nicht reagierte). Erasmus vertauschte einfach Subjekt und Objekt des Satzes, um die Aussage für seine Vorstellung vom freien Willen und seine mysteriöse Form von Atheismus passend zu machen.

Luther sah darin ein tolles Live-Beispiel für die Ursünde: Gottes Wort wird verdreht und zweckentfremdet. So etwas wirkt auf den ersten Blick gar nicht so schlecht. Erasmus argumentierte leidenschaftlich für den freien Willen; hätten die Menschen keinen freien Willen, wären sie reine Marionetten in der Hand Gottes. Gott wäre der böse Marionettenspieler, der aus reiner Unterhaltung mit uns spielte und über unsere Sorgen lachte. Diese Schlussfolgerung führte jedoch zu der Vertauschung von Gnade und Zorn, sodass Erasmus den Faden verlor. Er fing an, Gottes Gnade mit dem Zurückhalten von Strafe gleich zu setzen. Das sollte dem freien Willen die Wahl zwischen Gut und Böse ermöglichen, über die Gott wiederum dementsprechend richtete. Gnade reduziert sich hier jedoch darauf, dass Gott ein paar Momente verweilt, bevor er zum nächsten Schlag ausholt. Das ist als sagte man einem Kriminellen, dass die „staatliche Gnade“ es vorsähe, die Exekution um einen Tag zu verschieben – was für ein Trost! Erasmus’ Argumentation lief auf einen klaren, jedoch gefährlichen Zielpunkt zu. Indem er Gottes Handeln auf ein Minimum reduzierte, kam seine Gnade einer gewissen Ignoranz gleich. Kein Wunder, dass Luther den Eindruck hatte, bei Erasmus auf den größten, zügellosesten Atheisten der Welt gestoßen zu sein, der keinen Gott haben, sondern selber einer sein wollte.

Auch den Zorn Gottes definierte Erasmus neu: Im Zorn handele Gott in Eigenregie, ohne Rücksicht auf den freien Willen und seine Entscheidungen. Luther war sofort klar, wohin dieses Argument führte: Die Gnade Gottes wurde zu einem verzögerten Urteil, das von den Handlungen des eigenen freien Willens abhing; sein Zorn wurde zu einem beliebigen einseitigen und unbedingten göttlichen Akt (einschließlich der Vergebung der Sünde). Was wäre, wenn Gott sich erhöbe und einfach mal einen Tag lang Sünden vergäbe? Für Erasmus bedeutete das das Aus für die menschliche Freiheit. Die Menschen müssten sich bewusst für oder gegen ihr Heil entscheiden können. Dass ein Prediger verkündete, die Sünden seien wegen einer historischen Handlung durch Christus am Kreuz ein für allemal vergeben, war Erasmus ein Gräuel. Pass' auf, sonst wird dir solch ein Prediger den freien Willen rauben. Besser, seinen Glauben an den eigenen Glauben zu bewahren, als gegen den Willen gezwungen zu werden, ein einseitiges, einnehmendes Wort von Gott zu empfangen – wie das unglaubliche „Ich vergebe dir!" Lieber mit der selbst entwickelten Vernunfttheorie leben als einen Gott zu haben, der von oben entscheidet, alles vorher weiß, vorherbestimmt und ohne Bedingung in seinem Sohn Jesus Christus Vergebung schenkt. Lieber mit einem freien Willen in der Todeszelle sitzen als von einem Gott einseitige Gnade erfahren, der grundlos liebt, ein Gott, der sich selbst der Leute am Rand der Gesellschaft annimmt. Luther war hoch erfreut, dass sich Erasmus selbst in eine solche argumentative Ecke gedrängt hatte. Erasmus hatte sich in einem gewaltigen Pyrrhussieg des freien Willens gegen Gottes unbedingte Sündenvergebung verteidigen müssen. Aber wollte er tatsächlich gewinnen und sich der Gnade Gottes ein für allemal entziehen?

Mit Auffliegenlassen dieses Tropenkonstrukts legte Luther den Finger in die Wunde eines grundsätzlichen Problems. Erasmus war nicht in der Lage, zwischen Gesetz und Evangelium und den daraus folgenden Taten Gottes zu unterscheiden. Die Rechtfertigung komme über eine rechtliche Beziehung zu Gott zustande, der all unsere guten und schlechten Taten bewerte. Der Verstand dränge sich quasi automatisch auf und setze den freien Willen an die Stelle des Heiligen Geistes, denn der Heilige Geist beschuldige uns der Sünde und werfe alles auf Christus: „Wie nun durch die Sünde des Einen die Verdammnis über alle Menschen gekommen ist, so ist auch durch die Gerechtigkeit des Einen [d.i. Christus] für alle Menschen die Rechtfertigung gekommen, die zum Leben führt." (Römer 5,18)

Wen kränkten Gottes unverständliche Urteile nicht (Römer 11,33)? Im Gegensatz zu Erasmus entschuldigte Luther die göttliche Allmacht nicht oder stellte sie beschönigend dar, wie die meisten Theologen, die versuchen, den Menschen davon zu überzeugen, dass die Göttlichkeit bei näherer Betrachtung einfach nur nett und schön ist. Selbst wenn Luther über das Böse nachdachte, war ihm bewusst, dass sich Vertrauen nicht darüber entwickeln konnte, Gott pauschal aus der Verantwortung für Tod und Zerstörung zu entlassen. Was den Menschen rechtfertigt, ist entweder der freie Wille oder der Heilige Geist – diese beiden sind jedoch weder kompatibel, noch steigern sie ihren gegenseitigen Wert. Auf dem Markt des Vertrauens gibt es viele Schlawiner, die um die Gunst des Menschen werben.

Der Pharao wollte keine Gnade, erst recht nicht auf seine Kosten. Das Beispiel zeigte Luther: Gott hält die Worte seiner Verheißung nicht zurück – mögen sie auch noch so skandalös und beleidigend wirken – nur, damit du das Gefühl hast, deinen geliebten ach so freien Willen schützen zu können. Gottes Wege sind nicht unsere Wege. Es geht hier nicht um Unterdrückung, sondern den einzigen Weg, den Tod zu besiegen.

Funken, Glanz und Verderbtheit

Luthers Begriff vom Grundproblem der Menschheit versteht kaum jemand. Er wird gern mit all den Denkern – christlich und nicht-christlich – in einen Topf geworfen, die den Menschen als „schlecht" und „verdorben" betrachten. Verdorben zu sein heißt, mit ausgeschaltetem „Liebeskompass" zu leben. Anstatt dass der Wille begehrt, was er begehren sollte, verlangt er permanent nach Dingen, die er *nicht* wollen sollte.

Ausgenommen von diesem grundsätzlichen Missverständnis sind laut Luther nur zwei Theologengruppen. Zum einen die Theologen, die einen von der Sünde unberührten „Teil" im Menschen ausfindig zu machen suchen, der zu wahrer Liebe fähig ist. Diesen Teil nennen sie dann die „Ebenbildlichkeit Gottes" (imago dei), der dem Urzustand des Menschen entspricht. Nach dem Sündenfall reduziere sich das Ebenbild auf einen kleinen „Funken" Göttlichkeit. Dem Schöpfer sei Dank – dieser kleine Funke freien Willens bleibe, trotz Verlust der dem Menschen ursprünglich zugedachten Gnade, übrig und mache die

Würde des Menschen aus. Das Verständnis der menschlichen Natur ist bei Luther und all denen, die sich nicht vorstellen können, dass ein Funke Göttlichkeit von der alten göttlichen Flamme bewahrt wird, weitaus negativer.

Zum anderen gibt es Theologen, denen die Idee der Sünde als „Fall" – wie sie Augustinus beschreibt – besonderes behagt und die sich einen Sport daraus machen, einander damit zu überbieten, wie weit der Mensch von der Ebenbildlichkeit Gottes abgefallen ist. Verderbtheit, manchmal auch die „totale" Verderbtheit, wäre eine Art Messlatte zur Bewertung der Schlechtheit des Menschen und seiner menschlichen Fähigkeiten und Potentiale. Daraus wird ein interessantes Spiel. Gewinner ist der, der das düsterste Bild der menschlichen „Natur" zeichnet. Von der Ekelhaftigkeit des Menschen über seine Verderbtheit zu seiner vollkommenen Verderbtheit. Diese Schwarzweißmalerei scheint aber doch genauso fehl am Platz wie die Naivität der analogischen „Funken"-Gruppe.

Luther vertritt weder die eine noch die andere Seite. Für ihn sind die Menschen mit all ihren Fähigkeiten und angelegten Potentialen, mit Körper und Seele, *gut,* weil Gott es so sagt. Die Sünde des Menschen ist also weder die *Lust* der körperlichen Begierden und ihrer Zügelung durch die Vernunft, noch lässt sie sich in einem verwirrten *Verstand* oder schwachen bzw. übertrieben aufgedrehten *Willen* ausmachen (für Platon war Unwissenheit Sünde). Auch zur kulturellen Begründung der Sünde reicht's nicht. Sünde bedeutet nicht einfach, die eigene Tradition und Kultur über andere zu stellen, in „Klassen" zu denken und andere zu beherrschen.

Die Menschheit hat ein Problem, ein *Vertrauensproblem.* Sie vertraut einfach nicht darauf, dass Gottes Wort wahr ist. Die Geschöpfe fühlen sich nicht mehr wohl in ihrer Schöpfung und suchen nach anderen „spirituellen" Orten. So verlassen sie ihre Heimat und werden auf der Suche nach Gottes nackter Wahrheit zu durchs Fenster lugenden Versteckspielern. Der fehlgeleitete Glaube gaukelt ihnen vor, Jesus Christus selbst sei der Grund ihrer Probleme und nicht deren Lösung. Jesus ist zu greifbar, zu konkret-historisch; und dass er scheinbar willkürlich berühmt berüchtigten Sündern vergibt, macht ihn suspekt. Die Geschichte von Adams Sünde schreibt sich also fort. Jedoch nicht für immer, wenn Luther Recht hat.

Angeklagt und vergeben

Es ist ein bisschen wie in einer verkehrten Welt, dass die Verteidiger des freien Willens selbigen schon gleich wieder begrenzen und einfangen müssen, für den Fall, dass er außer Kontrolle gerät. Deshalb warnte Erasmus Luther unablässig davor, dass seine Theologie – so richtig sie formal bibelhermeneutisch auch war – in falschen Händen Ignoranten ins moralische Chaos stürzen könnte. Wahre Theologie, schlecht vermarktet, kann in falsche Bahnen geraten.

Ein Theologe wie Luther jedoch, der davon ausgeht, dass der menschliche Wille vor Gott gefesselt ist, wird große Freude an der Befreiung durch Gott empfinden. Deshalb betonen die christlichen Prediger die Knechtschaft ihrer Hörer weiter, bevor sie Christi Verheißung aussprechen und sich darauf verlassen, dass das Wort wirkt, was es sagt. Tod und Auferstehung des Menschen in diesem Zusammenhang zu predigen, ist etwas ganz anderes, als wenn ständig auf den eingebildeten freien Willen zurückgegriffen und der Mensch angetrieben wird, noch besser zu werden, härter an sich zu arbeiten. Auf irgendeine Art und Weise wird man einen Gott haben – mit oder ohne Worte. Entweder haben wir es mit dem gepredigten, uns verheißenen und in Jesus Christus offenbarten Gott oder mit dem nackten Gott außerhalb Christi zu tun. Letzterer lässt sich jedoch kaum finden.

Luther nahm Paulus beim Wort, dass Gott in der Taufe den Sold der Sünde, den Tod, bezahlt und sich, neben dem

Gesetz, dir selber schenkt, d.h. das ewige Leben in Jesus Christus unserem Herrn (Römer 6,23). Die Taufe ist eine Verheißung, die Gott dir ganz persönlich macht und dich damit neu ausrichtet, nämlich auf Christi Zukunft als Quelle deiner Hoffnung. Diese macht aus dir ein Geschöpf, dessen innere Stimme allein Christus ist: „Wer an mich glaubt und sich taufen lässt, wird gerettet werden." Mehr kann man nicht erreichen. Gott vergibt dir und vollzieht einen Sprachwandel. Er ersetzt deine selbst ausgedachten Worte durch seine eigenen fest stehenden, verlässlichen. Die Taufe braucht sich niemals auf. Ein Gerücht, dass sie nur für die „Ursünde" gelten könnte. Umkehren, die Richtung wechseln: Das ist nichts, was der freie Wille tun könnte, denn wahre Buße befreit den Sünder nach seiner Taufe nicht von der Sünde, sondern entfernt den Sünder von der Sünde *im Glauben selbst.* Das hoffnungsvolle Festhalten an den Worten Gottes überantwortet dich einem neuen Herrn. Dein neues Leben ist fortan geprägt von dem Gefühl einer vertrauensvollen *Zugehörigkeit* zu dem wahren Gott.

Keiner glaubt automatisch an die Ursünde. Man muss den Sündern erst einmal beibringen, dass sie gefallene Menschen sind. Besser man klagt sie direkt an. Natürlich will keiner für etwas beschuldigt werden, das außerhalb seiner Verfügungsgewalt liegt. Luther wird in diesem Punkt gern missverstanden. Viele gehen davon aus, dass die Menschen zu Luthers Zeit unter den Schuldgefühlen förmlich zusammenbrachen, die ihnen von der alten römischen Kirche gemacht wurden. Die Kirche machte Terror. Vielleicht hat sich deshalb heutzutage eine gewisse Egal-Haltung eingestellt; keiner hat mehr Angst vor dem zornigen Gott, keiner hat mehr Schuldgefühle. Luthers Theologie, die erst das Gesetz und dann das Evangelium predigte, mag einmal funktioniert haben, heute jedoch nicht mehr. Die Menschen heute können mit der Sündenvergebung nichts anfangen, ihnen erschließt sich der Sinn nicht. Sie suchen nach mehr, nach Bedeutung in einem sonst bedeutungslosen Leben. Die Unterscheidung von Gesetz und Evangelium scheint hier auch nicht zu helfen. Auch die Menschen zu Luthers Zeit glaubten nicht an die Ursünde, und die Kirche bestätigte diesen Unglauben sogar, indem sie ihnen über den Ablass anbot, sich mit Geld über Bußtaten von ihren Sünden und Fehlern zu befreien.

Das Gesetz ist der Kläger; Gott dient es – über den Weg der Ent-deckung, der Offenbarung der Sünde – zur Vergebung. Gottes Gesetz muss anklagen, sonst wird es missbraucht, um die Sünde zu verdecken. Wenn der Prediger zur Buße mahnt, kannst du nichts mehr machen. Der Traum vom „freien Willen“ ist vorbei. Natürlich missfällt es Sündern zu hören, dass sie mit ihrem Potential alleine nicht weiterkommen. Luther nannte das den „großen Tod“ – im Gegensatz zu dem kleinen, physischen Tod, wenn der Körper zu funktionieren aufhört, Gott seinen Atem nimmt und der Leib im Grab landet. Die meisten Menschen meinen, dass das Schlimmste, was ihnen widerfahren könnte, körperliches Leid am Ende ihres Lebens ist, oder eine mager besuchte Beerdigung, die Verwesung ihres Körpers oder dessen Verbrennung und Zerstreuung in alle Winde. Weitaus schlimmer jedoch, so Luther, sei doch das Schicksal des Königs David gewesen, der den Zorn Gottes auf sich zog und die schmerzvolle Trennung eines Geschöpfes von seinem Schöpfer am eigenen Leib erfahren musste.

Gott vergibt Sündern

Wie erlässt Gott die Schuld des Sünders? Früher verstand man unter Sündenvergebung eine Art Zuckerbrot-und-Peitsche-Politik Gottes, der die Sünde gesetzlich bestrafte und Belohnungen für stärkeres Bemühen beim nächsten Mal aussetzte. Dass David in Psalm 51 Gott um Gnade bat, „Erbarme dich meiner, Gott", lag, so vermutete man, an einer *Aktualsünde*. Er hatte willentlich gegen das Gesetz verstoßen und seine Liebe entgleiten lassen. David hatte seine höhere Liebe für Gott und das Gesetz für eine niedrigere, animalische Liebe eingetauscht (das Begehren einer hübschen, verheirateten Frau, wie sie ein Bad nahm, deren Anblick David nicht mehr los ließ).

Dieses ganze Szenario vernachlässigte aber, was David tatsächlich widerfahren war, denn es betrachtete die Sünde ausschließlich aus der Perspektive des Gesetzes. Luther sah Parallelen zur römischen Theologie, die Sünde als alles, was gegen das Gesetz Gottes gesagt, getan oder gedacht wurde, begriff. Das bedeutete: Sünde ist der Widerstand gegenüber dem göttlichen Gesetz. Als Folge dieser eher halbherzigen und außerdem unvollständigen Definition von Sünde rückte die Endgültigkeit des Urteils Gottes aus dem Blickfeld des Betrachters. Überdies zog sie einen ganzen Rattenschwanz falscher Differenzierungen bezüglich der Sünde hinter sich her. Die Römer leugneten, dass die Taufe tatsächlich bedeutete, mit Jesus zu sterben und begraben zu werden. Zumal: Spielt der Wille die Hauptrolle im Bußakt und bedient er sich des Gesetzes nur als Mittel, kann er wohl kaum tot sein – so dachten zumindest die Papsttheologen.

Um zu verstehen, wie es David ergangen war, machte Luther einen Test. Er hörte ein Wort von Gott, spielte damit Verstecken und suchte nach besseren Worten. David verstand damals nicht, was für eine großartige Verheißung ihm gemacht wurde. Die sogenannte Nathanverheißung markiert einen der Schlüsselpunkte in der Bibel: „Und der

Herr verkündigt dir, dass der Herr dir ein Haus bauen will ... einen Nachkommen erwecken, der von deinem Leibe kommen wird; dem will ich sein Königtum bestätigen. Der soll meinem Namen ein Haus bauen, und ich will seinen Königsthron bestätigen ewiglich." (2 Samuel 7,11ff) Anstatt aber auf diese Verheißung zu trauen, erwies sich David als „Schwärmer" (als einer, der Gott in sich selbst sucht, ein Nabelschau-Theologe). Die empfangenen Worte waren ihm nicht gut genug, also hielt er nach besseren Ausschau. Dass Gott ihm ein Haus baute, genügte David nicht; er wollte die Zügel selbst in die Hand nehmen und Gott ein Haus bauen. Ist das denn nicht vorbildlich? Zeugt Davids Verhalten nicht von gutem, religiösem Eifer? Warum sollte David Gott nicht etwas zurückgeben können? David begann, eigene Worte zu formulieren und seinen eigenen Gottesdienst zu gestalten. Damit verlor er aber das Gehör für die Stimme des Hirten. Gott erwiderte, „Nein, David, du hast Subjekt und Objekt verwechselt – *ich* werde *dein* Haus bauen." Tiefe und Reichweite der Sünde, das wurde Luther klar, lassen sich nicht offenbaren bis sie nicht nur mit dem Gesetz, sondern auch mit Gottes Wort der Verheißung zusammen gesehen werden.

Eine chaotische Scheidung

Für Luther war David der klare Beweis dafür, dass sich das Lernen über die Sünde nicht so gestaltete wie das Lernen des Alphabets oder das Verstehen biologischer Zusammenhänge. Bestimmt hast du schon mal gehört, dass Gott die Sünde hasst und die Sünder liebt? Wer jedoch vom Zorn Gottes so überwältigt wird wie David, ist zu dieser feinen, aber bedeutenden Differenzierung kaum fähig. David wähnte das Damoklesschwert stets über sich und hatte das Gefühl, in direkter und aktiver Opposition zu Gott zu stehen. Ausweglos. Davids eigene Gerechtigkeit vor Gott war gleich null. *Null!* Schließlich erkannte David jedoch, dass Sünde nicht die Summe der Übeltaten ist, sondern eine Art angeborener Makel: „Siehe, ich bin als Sünder geboren, und meine Mutter hat mich in Sünden empfangen." (Psalm 51,7) So offenbarten sich ihm endlich Tiefe, „Ursprung" und Unumgänglichkeit der Sünde.

Was David als Schutz gegen Leute wie den Pharao dringend brauchte, war etwas, an dem er sich festhalten konnte – eine Verheißung, die bewirkte, dass er sich genau zu dem Gott wandte, der ihn verurteilte und verdammte. Er brauchte einen in das Wort der Verheißung gekleideten Gott, um dem nackten Gott und seinem sicheren Tod zu entkommen. David begriff, dass die Sünde Gott betrifft, nicht nur „mich, den Sünder". Gott ist kein Erbsenzähler, der Art und Menge der Sünden bestimmt und dann, einem himmlischen Buchhalter gleich, die Strafen austariert und entscheidet, wem die heilige Himmelspforte Einlass gewährt und wem nicht. Sünde ist wie eine chaotische Scheidung, die zu beobachten schmerzhaft und zu durchleben noch schlimmer ist. Die Partner können sich nicht genug voneinander entfernen; während die Welt zusammen zu wachsen scheint, können die scheidenden Partner das Wissen kaum ertragen, dass der andere seiner eigenen Wege geht. Kämpfe wegen der Kinder und Eifersüchteleien brechen aus. Die einstweiligen „Freudenspartner" werden zu Leidgenossen – ständig im Streit darüber, wer Recht hat.

David erlebte diese Scheidung als „gigantischen Zornesberg", der ihn von Gott trennte. Es war an der Zeit, etwas zu tun, das einerseits ganz einfach, andererseits unglaublich schwer war. David wandte sich an genau den Gott, der so zornig gewesen war, dass er weder Davids Gesicht sehen noch seine Stimme hören wollte, da das zu schmerzhaft war. Trotzdem betete David zu Gott und rief ihn bei seinem Namen: „Barmherziger!" Das war noch der leichte Teil, zumindest für David (vielleicht nicht unbedingt für Gott). Die harte Arbeit, sozusagen die *mission impossible* für einen menschlichen Willen, besteht doch darin, Gott zu bitten „Erbarme dich *meiner.*" Dieses kleine Pronomen ist das Problem. Damit gesteht der Mensch sich und der Welt ein: Ich hatte Unrecht. Es lässt alle Gerechtigkeit von Gott kommen und bittet um das, was uns in dieser Situation der chaotischen Trennung unmöglich ist – richte und vergib, einfach so, aus Liebe. Angesichts der

Bitterkeit, die einer derartigen Trennung meist innewohnt, ist es kein Wunder, dass die meisten Menschen einfach nicht beten. Das wahre *Gebet betet gegen sich selbst,* im Vertrauen, dass Gottes Reden nicht mit der Verkündigung des Gesetzes aufhört. Was macht Gott mit versklavten und angeklagten Sündern wie David – richtet und vergibt? Jawohl.

Kapitel 8

Der Sünden vergebende Gott: Das Evangelium

Der zweite Blick aller Theologie fällt auf den *Sünden vergebenden Gott*. Sobald Luther Gott als den erkannt hatte, der alle Sünde ohne Zutun des Gesetzes rechtfertigt, trat auch Christus nach langen Jahren des Streites um den freien Willen und die kirchliche Autorität zur „Sünderbindung", aus der theologischen Verdrängung hervor.

Das Gesetz ... bis zur Zeit Christi

Wer hätte gedacht, dass das Gesetz nicht ewig gilt, sondern irgendwann abläuft? Paulus war von den Socken, als er das verstanden hatte. Luther aber hatte Angst. Plötzlich öffneten sich die Tore des Himmels. Das Gesetz regiert und gilt bis zur Ankunft Christi. Wo Christus ist, endet das Gesetz. Die Frage nach Gut und Böse hat von Adam und Eva bis Nietzsche wohl jeder schon gefragt. Für diejenigen, die ihre Theologie auf dem einen Gesetzespfeiler aufbauen, ist jenseits von Gut und Böse nichts mehr außer Chaos, außer Supermännern, Tyrannen und Anarchisten. Alle basteln sich ihr eigenes Gesetz. Da kann man sich gleich den Strick nehmen. Für Luther aber tat sich im „Evangelium" eine vollkommen neue Welt auf. Was ist das Evangelium? Luther erwiderte:

> Das Evangelium aber ist die Predigt von Christus, dass er Sünden vergibt, Gnade schenkt, gerecht macht und die Sünder rettet. Was aber an Geboten im Evangelium sich findet, ist nicht Evangelium, sondern Auslegung des Gesetzes und Anhang an das Evangelium.[26]

Das Evangelium ist nicht das Gesetz; das Evangelium ist Jesus Christus, dir übermittelt als Vergebung in Worten und Dingen vom Pfarrer.

Das Gesetz galt es also einmal „vor Christus" und einmal „nach (bzw. unter) Christus" zu betrachten. Für Luther bedeutete das die Auseinandersetzung mit etlichen kontroversen Fragen. Erstens: Das Gesetz „vor Christus" hatte eine Geschichte, die sich im Laufe der Zeit in unterschiedlichen Kulturen unterschiedlich entwickelt hatte. Luther trennte das alttestamentliche Gesetz nicht in die eine Moralinstitution für alle und das nur Juden betreffende Zeremonialgesetz. Die Zehn Gebote waren ihm eine jüdische Form des *Sachsenspiegels* (das sächsische Rechtsbuch). Luthers Studenten fragten sich nach dem Sinn einer Predigt von Mose, wenn dieser gar nichts mit ihnen zu tun zu haben schien. Dieser Frage ging Luther in seiner Aufsehen erregenden *Unterrichtung, wie sich die Christen in Mose sollen schicken* nach. Er führte drei Gründe für die vom Alten Testament ausgehende Predigt an. Die Zehn Gebote seien erstens „außerordentlich gute Regeln", die es in sein Leben zu integrieren gelte. Sie deckten sich mit dem Naturgesetz und hielten Kultur und Selbst einen Spiegel vor. Noch bedeutender: Sie boten dem menschlichen Regieren eine vernünftige Gesetzesgrundlage. 1525 war für Luther jedoch klar, dass diejenigen, die die Kirche durch Wiedereinführung des alttestamentlichen Lebens reformieren wollten, zu den „falschen Brüdern" gehören mussten. So z.B. Thomas Müntzer, der den Bauernkrieg 1525 stark unterstützte und Gottes Wort, das, historisch gesehen, an die Juden gerichtet war, auf die deutschen Bauern anwandte.

Ein weiterer Grund, warum Luther vom Alten Testament aus predigte, war das häufige Auftreten von Verweisen auf Christus, die ihn antizipierten (wie z.B. der abrahamitische Segen). Drittens stieß Luther im Alten Testament vermehrt auf Beispiele für den Glauben „unter dem Kreuz" und die Liebe, die sich aus diesem Vertrauen speist. In dieser Hinsicht gibt es keinen Unterschied zwischen einer Verheißung vor oder nach Christi Kommen. Hiob, Jeremia, Abraham, Sarah, Hannah und andere waren Vorreiter im Glauben, denen Gott seine Worte anvertraute.

Luthers Umgang mit dem Gesetz „nach Christus" wurde immer mutiger. Das Gesetz löse sich nicht plötzlich in Luft auf: Das Gesetz werde in aller Ewigkeit nicht abgeschafft, sondern fortbestehen, um entweder in den Verdammten erfüllt zu werden oder in den auserwählten Seligen schon erfüllt zu sein. Genau hier findet sich der Unterschied zwischen Himmel und Hölle: In der Hölle ist das Gesetz stets präsent als etwas, das immer noch zu erfüllen ist und kein Ende nimmt (vgl. Sisyphus); im Himmel ist das Gesetz vergangen. Da das Gesetz in beiden Fällen vollkommen historisiert ist, ist man ihm entweder immer voraus oder hinkt stets hinterher. Das war nichts für Luther. Dieses Szenario markierte das Ende des großen theologischen Versuchs, das Leben als Vision einer von Gott entwickelten Seins-Strukur nach „Gesetzen" zu denken – ein Versuch, den Thomas von Aquins beseligende Gottesschau fast perfektioniert hatte.

Alle Zukunftshoffnung hängt davon ab, dass Jesus unser Leben „vor dem Gesetz" unterbricht und veranlasst, dass wir das Gesetz permanent hinter uns lassen. Wie geht das?

Es ist weder das übermenschliche Selbst jenseits von Gut und Böse noch Verzweiflung und Chaos. Allein diese

konkrete historische Figur, der Sohn Gottes, Jesus Christus, der Auferstandene, ist jenseits von Gut und Böse – er ist derjenige, der vom Tod zum Leben aufersteht, um uns zu vergeben. Mose und das Gesetz können das nicht leisten. Die neue Welt der Vergebung liegt jenseits aller Tugendhaftigkeit und Werke. Hier vergisst Gott unsere Sünde. Er legt sie seinem Sohn auf, dem Lamm Gottes, und nagelt sie endgültig mit ihm ans Kreuz. Wie gelingt es einem aber, das Versteckspiel und die Suche nach einem besseren Gesetz und einem stärkeren Willen zu durchbrechen? Luthers Ansatz: „Wende dich ab von Gut und Böse; halte dich allein an Christus."[27] Das heißt: Ein Prediger kommt mit dem Wort des Fleisch gewordenen Gottessohnes, der gelitten, gestorben und von den Toten auferstanden ist und erhöht wurde durch den Heiligen Geist – *für dich*. Der Prediger des Heiligen Geistes streut das Wort Gottes wie ein Bauer sein Saatgut, und es vermittelt dem, der es hört, alles, was zu diesem Wort gehört. Luther hat das mal so ausgedrückt: „So müssen wir nun gewiß sein, daß die Seele alle Dinge außer dem Wort Gottes entbehren kann, und ohne das Wort Gottes ist ihr mit keinem Ding geholfen."[28] Im Kern des Evangeliums findet ein doppelter Austausch statt: Christus nimmt den Kampf des Sünders mit der Sünde, mit Satan und dem Tod, auf sich; der Sünder empfängt Christi Gerechtigkeit, sein Leben und Heil. Dieser Austausch ist die „Zurechtbringung“ vor und mit Gott durch den Glauben ohne Gesetzeswerke. Wenn ein Theologe das Evangelium studiert, sollte er vornehmlich untersuchen, wie Christus diesen Kampf gewinnt und den „fröhlichen Wechsel“ vollzieht, mit dem Mose und das Gesetz nicht fertig geworden sind.

Das Evangelium in einer Nussschale: „Für dich“

Definitionen funktionieren laut Aristoteles nach dem Ausschlussprinzip; na ja ungefähr. Man soll, um etwas zu bestimmen, erst einmal klären, was etwas nicht ist und dann, was es ist. Wir haben gerade gesehen, dass das Evangelium nicht mehr das Gesetz ist. Was aber dann? Wer ist dieser Jesus, außer dem wir keinen Gott haben, und was ist seine gute Nachricht? Luthers provokanter, für anfechtungsgeplagte Menschen geschriebener *Kleiner Unterricht, was man in den Evangelien suchen und erwarten soll* (1522) fasst den Kern des Evangeliums zusammen. Das Evangelium ist Jesu Geschichte und diese wiederum die Geschichte des Sohnes Gottes, der für uns Mensch geworden ist. Er starb, wurde von den Toten auferweckt und zum Herrn aller Dinge. So lautet die Evangeliumsgeschichte – kurz und knapp.

Es gibt aber noch mehr zu berichten. Das Evangelium erzählt nicht nur *von* Jesus und ist Teil der Bibel. Seine Geschichte verlangt nach einer anständigen Grundlage, die sich für Luther in der angemessenen Verwendung des Pronomens „für *dich*“ niederschlägt. Bevor man sich Jesus nähert, nehme man ihn als Geschenk an, so Luther. Jesu Geschichte müsse in deinem Leben wie Gesetz und Evangelium funktionieren. Das heißt, wenn Luther von dem „Evangelium“ spricht, schließt das nicht nur Christus und seine Werke ein, sondern auch *dich,* den Sünder, für den er gehandelt hat.

Das Evangelium verlangt nach Sendern/Predigern und Empfängern/Hörern. Ein Rätsel, warum sich der Zugang zuweilen so schwierig gestaltet. Ziel des Evangeliums ist es, Christus zu verkündigen, der unsere Gerechtigkeit, unsere Rechtfertigung ist, die wir unbedingt, kostenlos erhalten. Mögen Menschen nichts Kostenloses? Die Lage ist wohl verzwackter, als man denken mag, auch wenn den meisten Menschen die *Idee* eines Geschenkes – ohne

Haken – gefällt und sie, handelte es sich um ein Gewinnspiel, jeden Preis annähmen, selbst wenn es nur der für's Mitmachen wäre. Unangenehm wird's immer dann, wenn das Evangelium vom Tod Jesu spricht. Niemand nimmt gerne mit einem toten Jesus vorlieb. Wir haben uns also damit auseinanderzusetzen, dass dieser Skandal am Kreuz Jesus nicht auf die gleiche Ebene stellt wie Mose und in Gedanken verewigt und spirituell „kommuniziert". Stattdessen haben wir es mit dem konkreten Mann Jesus zu tun, der uns mit konkreten Worten und seinem konkreten, anklagenden Tod konfrontiert. Sünder bevorzugen einen abwesenden Jesus, der ihnen nicht zu nahe kommt. Kirchenführer und Theologen zu Luthers Zeit hatten ihre Gedankengebäude fast perfektioniert. Sie wollten ohne Christus auskommen, um als seine legitimen Stellvertreter auftreten zu können. Das wurde Luther zu bunt. Ihm war klar, dass sich in der Kirche gerade ein hehrer Kampf zwischen Christus und dem Antichrist abspielte.

Das Wort ward Fleisch

Theologie spricht *von* Gott, zeichnet sich eher durch einen großen Schatz an schriftlichen Quellen aus, konzentriert sich aber nicht primär auf den direkten Bezug zum Menschen bzw. die Zusage „für dich". Das macht die meist mündliche Verkündigung, die *für* Gott spricht und „dich" in den Blick nimmt. Als Grundlage der richtigen Predigt griff Luther auf die kirchliche Inkarnationslehre zurück, trug aber so dick auf, dass die Leute befürchteten, Luther habe zu sehr Geschmack gefunden an der Besonderheit Christi und seinem primitiven Erdendasein. *Immanuel,* Gott mit uns; für Luther bedeutete das: „Christus steht bei uns im Schlamm und Arbeit, das ihm die Haut rauchet."[29]

In seinen Homiletikseminaren (in denen Predigen gelernt wird) verwies Luther gern auf die Anfangszeilen des Galaterbriefs: „Gnade sei mit euch und Friede von Gott, unserm Vater, und unserm Herrn Jesus Christus," und er fragte, warum Paulus diesen alten hebräischen Segen um die Worte „und unserm Herrn Jesus Christus" ergänzt hatte. Antwort: Weil die Wurzel des christlichen Glaubens nicht oben zu finden sei, wie in anderen Religionen, sondern unten. Wo aber ist unten? Wo setzt die Rede von Gott an? Für Luther ist klar:

> Er [Paulus] will uns die christliche Religion lehren, die nicht zu oberst anfängt, wie alle anderen Religionen, sondern zu unterst. Er steigt hinauf auf der Leiter des Jakobus, dem sich Gott selbst entgegenneigt, denn seine Füße berühren die Erde neben dem Haupt des Jakob. Wenn du daher über dein Heil nachdenken und davon handeln willst, dann laß alle Spekulation über die Majestät, laß we alle Gedanken an die Werke, an die Überlieferung, laß weg

> alle Philosophie und das göttliche Gesetz und tu dich mit Gewalt zur Krippe und zum Schoß der Mutter und ergreife jenes Kind und den Sohn der Jungfrau und siehe hin, wie er geboren wird, an der Mutter Brust trinkt, wie er wächst, unter den Menschen weilt, wie er lehrt, stirbt, aufersteht [...][30]

Doch so klar wie Luther geht es nicht überall in der Theologie zu. Manche Theologen setzen bei dem Sohn Gottes an (und damit bei dem Wort), der zweiten Person der Trinität und Gott selber, der vor aller Schöpfung war (vgl. Johannes). Durch ihn wurde alles gemacht. Verschiedene Ansätze zeigen, wie es möglich ist, dass der ewige, unendliche Gott Mensch geworden ist. Das *fit* der Inkarnation bereitet vielen *Top-down*-Theologen jedoch Probleme. Es muss doch schwierig sein für einen Gott in die Haut eines kleinen mediterranen Handwerkers zu schlüpfen. Das Partikulare der Person Christi wird durch die Einverleibung des Göttlichen, durch seine Menschwerdung bestimmt. Viele Theologen tun sich nicht nur mit der Inkarnation schwer, sondern auch mit dem Kreuzestod Christi. Übervorsichtig und wohl auch etwas prüde versuchen sie, Gottes

Göttlichkeit zu schützen, um sicherzustellen, dass niemand Gottes Ehre mit zu viel Körperlichkeit oder menschlicher Verzweiflung verletzt – und schon gar nicht mit dem Tod! So entstanden und entstehen (bis heute) verschiedenste Theorien. Eine lautet, Jesus habe nur Menschen *gespielt*, sei aber trotzdem ganz und gar Gott geblieben *(Doketismus)*. Auch die christlichen *Gnostiker* sponnen sich gern etwas zusammen über die spektakulären Dinge, die Jesus als Kind und Heranwachsender trieb. Letztlich folgerten sie, Jesus könne „nicht ganz normal" gewesen sein.

Um zu begreifen, was einen Menschen ausmacht, befassten sich andere Theologen direkt mit der konkreten historischen Figur des Jesus. Hat er nicht geweint? Begehrte er keine Frauen?[31] Wie ließe sich das zusammenbringen mit der Rede vom „göttlichen" Christus, der das Heil erwirkt? Gab es vielleicht zwei Söhne? Zwei Seelen? Vielleicht hat er sich höheren Mächten geöffnet oder war ein sehr „spirituelles" Kind mit einer Art sechstem Sinn? Das Hauptproblem liegt hier wohl in den verdrehten Proportionen: Wie groß, mächtig und unendlich darf Jesus sein, ohne dass der seine Menschlichkeit verliert? Die Göttlichkeit wurde diesen Theologen zu einer abstrakten, sehr vagen Kategorie. Vielleicht hatte Gott Jesus adoptiert? Hatte Jesus vielleicht Göttlichkeitsstatus erlangt, weil er sich so gut benommen hatte? Leben wir vielleicht in einem kommunalen Effektpool der Liebe Jesu, wie das Wasser eines Teiches, das sich durch einen winzigen Stein ins Plätschern versetzt? Diese Richtung der Theologie glänzt sicher nicht durch clevere Ansätze zu Trinität und Auferstehung. Sie konzentriert sich vielmehr auf die „echten" Dinge – alles, was sich wissenschaftlich historisch verifizieren oder falsifizieren lässt. Tendenziell eher idealistisch angehaucht, klingen die entsprechenden Aussagen zu Person und Bedeutung Jesu zunächst ganz bodenständig. Dann aber wird's „spirituell" mit obskuren Ansätzen zur Beispielhaftigkeit der Liebe Jesu, die uns ein gesteigertes Verständnis von Liebe und Gemeinschaft vermitteln soll (vgl. Überlegungen zu *Vaterschaft Gottes* und *Geschwisterlichkeit der Menschen,* wie sie das Christentum des 19. Jahrhunderts propagierte).

Zwischen diesen beiden Schulen steht eine dritte, die sich inhaltlich dem Priester Arius (3. Jahrhundert) verpflichtet fühlt. Der Ansatz stellte einen *Mittelweg* zwischen der *top-down* und der *bottom-up* Theologie dar. Jesus sei weder Mensch noch Gott, sondern etwas Drittes. Arius' Konzept war einseitig. Er ging davon aus, dass Inkarnation bedeute, Gott habe seine Fingerspitzen versuchsweise in menschliches Fleisch gehalten, um zu sehen, wie das so ist, sei dann aber zu seinem Thron zurückgekehrt und wartete dort ab, dass die Menschen seinen Geist begreifen (also Gotteserkenntnis erlangen). Die Kirche des 4. Jahrhunderts war vorwiegend von diesem Denkansatz geprägt. Die oben angekommen waren in der Hierarchie, Bischöfe und Fürsten, ließen sich von Arius' Lehre beeindrucken – eine Zwickmühle für die Christen. Arianer kommen jedoch nicht weit. Sie haben nicht viel zu sagen, denn ihr Gott findet nicht den Weg zu uns Sündern herunter; sie zeigen aber auch keinen gehbaren Weg zu ihm herauf. Die Kirche hing damals sprichwörtlich zwischen Himmel und Erde – wie Abschalom an seinen Haaren (ein Vergleich, den Luther gern bemühte).

Luther lenkte derartige christologische Debatten in eine andere Richtung. Anstatt *über* Jesus zu sprechen, fand er lieber heraus, was es bedeutete, *für* Jesus zu sprechen. Fernab wilder Spekulationen stellte er die Christologie dezidiert in den Bereich der Verkündigung und der sich auf die Hoffnung konzentrierende Predigerperspektive (im Unterschied zu den Philosophen, die sich vornehmlich auf die Ontologie, also dem, was *ist,* der Seinslehre, stürzt).

Wenn Luther dazu aufrief, „ganz unten anzufangen", meinte er damit nicht, gedanklich bei der eigenen Vorstellung vom historischen Jesus zu beginnen und sich von dort aus quasi hochzuarbeiten. Sein Ansatz war ein viel konkreterer und (je nachdem, wie man es sieht) potentiell verstörender. Er rief dazu auf, bei dem „eigenen" Gott anzufangen, dem Richter, dem Gesetzgeber, der an der Mutterbrust gestillt wurde, bei dem Gott in der Gebärmutter, damit die nackte Angst, das eigene Leben vor Gott verantworten zu müssen, möglichst lange anhalte und die Aufmerksamkeit der Menschen auf Gottes Verheißung gelenkt werde. Luther betrachtete die Verurteilung des Arianismus auf dem Konzil von Nizäa (325) als richtigen Schritt der Kirche, sich von dieser „ärgsten Häresie" loszueisen. Auf dem Konzil von Chalcedon (451) begann die Kirche wieder mehr, sich dem Evangelium und der *communicatio idiomatum* zuzuwenden: Jesus Christus ist wahrer Mensch und wahrer Gott, er ist „in zwei Naturen, unvermischt, ungewandelt, ungetrennt, ungesondert geoffenbart".[31] Die Lehre der Kirche sollte sich noch radikalisieren.

Nur die Begegnung mit dem allmächtigen Gott in der armseligen Krippe vermochte dem Versteckspiel ein Ende zu setzen. Denn nur dort lässt sich der *gnädige* Gott finden. Heute hört man zuweilen von Menschen, die gerne *an etwas* glauben würden, gerne irgendeine Religion hätten oder auf eine wie auch immer geartete spirituelle Suche gingen. Luther war der Meinung, dass diese Suche weder in den Höhen der Berggipfel, der mystischen Kontemplation noch bei großen Werken der Gerechtigkeit ende, sondern ganz unten, bei Christus in der Krippe und der Verkündigung, dass dieser Gott ist, *für uns* Sünder gegeben.

Nestorius, ein durchgeknallter „Heiliger"

Die Kirche hat sich mit ihrer eigenen Lehre immer schon schwer getan. Selbst wenn sie Häresien verwarf und verurteilte, schien sie mit der Lehre von der bedingungslosen Hingabe Jesu an die Sünder ihre Probleme zu haben. Bei zwei Schlüsselaussagen gerät sie gern ins Straucheln: *Gott ist für dich gestorben* und *Wir haben keinen anderen Gott als diesen Mann Jesus.* Diese Worte als Gesetz und Evangelium unter das unwürdige Gemeindevolk zu bringen, macht einen Pfarrer schnell nervös, sodass er lieber einen großen Bogen um diese scheinbar so irrationale Gnade Gottes macht. Der Mensch gewordene Gott scheint sich selbst zu viel abzuverlangen und den unwürdigen Menschen unverhältnismäßig viel zu geben.

Die Erkenntnis von dem „erhabenen Artikel göttlicher Majestät" (Trinität und Menschwerdung) zog Luther allein aus den Hauptartikeln der Rechtfertigung aus Glauben. Der Sünden vergebende Gott ist Vater, Sohn und Heiliger Geist; Christus, der Sohn, wurde Mensch, „welcher ist um unser Sünden willen dahingegeben und um unserer Rechtfertigung willen auferweckt." (Römer 4,25) „Auf diesem Artikel," schrieb Luther, „steht alles, was wir gegen den Papst, Teufel und Welt lehren und leben. Darum müssen wir dessen gar gewiß sein und nicht zweifeln. Sonst ist's alles verloren."[33] Mit dieser unvergleichlich kühnen Klarheit gewann Luther viele Pfarrer und Verkünder des Wortes. Wer mehr über Luthers Einschätzung des Konzils von Chalcedon und seine Beurteilung des Nestorianerstreits im 5. Jahrhundert erfahren will, lese mal *Von den Konziliis und Kirchen*[34].

Der Vorfall eines Geistlichen, der sich widersetzte, den Begriff *theotokos* in sein Gottesdienstvokabular aufzunehmen, machte Nestorius 428 zum Bischof von Konstantinopel. *Theotokos* bezeichnete Maria als „Trägerin Gottes“, als „Gottesgebärerin“. Nestorius suchte eine derartig bekenntnislastige Sprache zu vermeiden, da er Maria lediglich abstrakt als Mutter eines Menschen betrachtete. Dass sie Christus, nicht aber Gott, zur Welt gebracht habe, sei ein Glaubenssatz, der höchstens Einkehr in Gebete, Kirchenlieder oder Predigten finden könnte. Was war jedoch mit der Behauptung vom Fleisch gewordenen Wort? Nestorius sprach lieber von einer „engen Verbindung“ zwischen Gott und den Menschen. Das bedeutete jedoch, wie die Lutheraner später monierten, dass das Menschliche und das Göttliche in Jesus nur zwei Brettern gleiche, die unverbunden, ohne gegenseitige Durchdringung aneinander genagelt seien.

Nestorius war ein ziemlich verrückter und ignoranter Heiliger. Laut Luther rührte seine vehemente Abgrenzung gegenüber der *communicatio idiomatum* aus der Angst, die Vermischung des Menschlichen und des Göttlichen könne eine weitere, unbekannte Substanz hervorbringen. Wie Nestorius' theologischer Gegenspieler Cyrill von Alexandrien anführte, könne Jesus „streng genommen“ nicht Gott sein, wenn Maria nicht die Mutter Gottes sei. In diesem Kontext, und v.a. zu Luthers Zeit, wurden auch die Abendmahlsworte „Nimm' hin und iss, dies ist mein Leib, für dich gegeben“ heiß diskutiert. Wie konnte Jesus seinen Körper im Brot dahingeben? Wie konnte er überhaupt ins Brot kommen? Luther erkannte, nach Gesprächen mit Zwingli, Oekolampad, Bucer und schließlich auch mit seinem Freund Melanchthon, dass diese Frage in einem engen Zusammenhang mit Nestorius' Maria-Problematik stand. Es wird deutlich: Bevorzugt wird die reine Gottesidee, die Abstraktion; mit dem Gott von unten, der Präsenz Jesu im Dreck, an den Rändern der Gesellschaft, will keiner etwas zu tun haben.

Das Konzil von Chalcedon legte den Verkündigern der Schrift nahe, sie sollten *Christus als eine Person mit zwei Naturen* predigen. Leider führte das dazu, dass die Feiglinge unter ihnen die Worte in ihren Predigten verdrehten und die beiden Naturen „sauber" trennten. Jesu ungewöhnliche Taten und Wunder, wie etwa die Stillung des Sturms oder die Sündenvergebung, wurden seiner „göttlichen Natur", seine sehr menschliche Verzweiflung, sein Leiden und sein Tod aber seiner „menschlichen Natur" zugeschrieben. Stellte jemand also die clevere Frage, wie Jesus der Versuchung durch den Teufel in der Wüste

widerstehen konnte, war die Antwort: „durch seine göttliche Natur". Die Frage aber, wie Christus am Kreuz hatte sterben können, wenn er Gott gewesen sei, wurde mit dem Verweis auf seine „menschliche Natur" beantwortet. Derartige Aussagen sind jedoch höchst unbefriedigend. Darüber hinaus entfernen sie sich von der Kernaussage des Evangeliums. Sie missbrauchen buchstäblich die Zwei-Naturen-Lehre Christi, denn sie scheitern an einer echten Integration der *communicatio idiomatum.*

Ein *idioma* ist ein Attribut. Wir benutzen es, um zu beschreiben, was es bedeutet, ein Mensch zu sein – z.B. zu sterben oder zu leiden, zu weinen, zu sprechen, zu lachen, zu essen, zu trinken, zu schlafen, geboren zu werden, eine Mutter zu haben, gestillt zu werden. Die Liste der Eigenschaften, die Gottes Wesen beschrieben, sähe schon ganz anders aus: unsterblich zu sein, allmächtig, unendlich, nicht geboren zu werden, nicht zu essen, nicht zu schlafen, etc. Nestorius wollte Gott und die Menschen in zwei verschiedene Kategorien stecken, um *Gottes Heiligkeit* zu schützen und an der Aussage festhalten zu können, dass Menschen heilig und perfekt *gemacht* werden können. An dieser Unterscheidung festhaltend, hinderte ihn nichts mehr daran, von *gottähnlichen Menschen* zu sprechen. Theologen wie Nestorius (oder sein Widersacher Eutyches) beziehen nur die eine Seite der Inkarnation in ihre Überlegungen ein, die andere blenden sie aus. Nestorius hatte kein Problem damit, dass ein Mensch aufersteht (ohne jedoch vollkommene Göttlichkeit zu erlangen), aber ein Gott, der zu den Menschen *herunterkommt,* das war ihm zuviel.

Luthers Beitrag zu dem auch im 16. Jahrhundert noch präsenten Nestorianerstreit war sehr wertvoll. Er räumte ein, dass Nestorius zwar ein guter Philosophielehrer gewesen sein mag, Syllogismen sollten jedoch immer in beide Richtungen funktionieren. Von der Verkündigung Jesu habe er wohl wenig verstanden. Den Satz „*Jesus,* der Zimmermann aus Nazareth, läuft die Straße herunter, um Wasser zu holen," fände Nestorius völlig in Ordnung. Hört sich sehr menschlich an. Ein Satz wie „*Gott* ging die Straße hinunter, um Wasser zu holen," ließ Nestorius jedoch nervös werden, denn so etwas macht ein Gott einfach nicht. Für die *Menschen* wäre dann ja kein Wasser mehr da. Luther bezeichnete Nestorius als stolz, dickköpfig und dumm. Körperliche Dinge sollten Gott nicht beschmutzen. Es sollte den Menschen genügend Raum gelassen werden, die Werke des Gesetzes zu tun. Zu predigen, Gott sei gestorben oder „dieser Mann Jesus“ habe die Welt erschaffen, kam ihm nicht in den Sinn.

Warum eigentlich nicht? Nestorius wollte keinen unheiligen Gott, der sich mit menschlichen Problemen (bzw. was er dafür hielt) und niederer Körperlichkeit herumschlagen müsste. Er wollte verhindern, dass Gott nicht nur dadurch, dass er einen Körper *hätte,* sondern auch einer *wäre,* erniedrigt, gedemütigt und degradiert würde. Gott sollte keine konkrete Person sein. Nestorius bevorzugte die alte „schwammige“ Menschwerdungstheologie, laut derer die „Menschheit“ – als allgemeine Kategorie – irgendwie vergöttlicht würde. Luther vermutete den gleichen alten Muff unter Nestorius’ strengem Prüderietalar: Der freie Wille des Menschen ist zu schützen, selbst gegenüber Gottes Intervention, damit er sich dem Ziel der Perfektion nähern und in dem den Körper überwindenden, heiligenden Prozess mithelfen kann. Maria war eigentlich gar nicht das Problem; es ging vielmehr darum, Gott vor jeglicher Schande zu schützen und einem noblen freien Willen genug Raum zu lassen.

Nestorius’ Hauptproblem: Während er die Zwei-Naturen-Lehre und die Lehre der Naturen in einer Person richtig zu verstehen schien, verweigerte er sich durch die Ablehnung der *communicatio idiomatum* der logischen Verknüpfung der Lehren, die kommuniziert, dass Gott tatsächlich *um der Menschen willen* gekommen ist, um sie auf ihrem Weg der Selbstgerechtigkeit aufzuhalten. Gott ist dieselbe Person, die von den Toten auferstand und dem der Heilige Geist ein Königreich neuer Geschöpfe vermachte. Schlüsselmoment der Chalcedonischen Lehre war, dass Christus in dem „für dich“ der tatsächlichen Vergebung zu den Sündern gekommen ist. Aussagen wie „Maria gebar Gott“ oder „Gott starb“ haben ihren Platz in der Predigt, in Gebet oder Gesang. Nestorius vertrat die richtige *Lehre,* fehlte aber in der *Verkündigung.* Nach den Regeln der Logik muss die Aussage „Maria gebar Gott“ scheitern. In der Anrede an einen Sünder, „für dich“, dient sie denen jedoch als *Gesetz,* die sich von Gott und seiner Liebe angegriffen fühlen, und denen als *Evangelium,* die das „für dich“ im Kontext des Glaubens als Gottes tiefen, liebenden und unlenkbaren Akt annehmen, der für sie, als sie noch Sünder waren, erwirkt wurde. Was Lehren und abstrakte Ideen nicht leisten können, muss die Verkündigung übernehmen. Dogmatik und Homiletik sind in dem Maße voneinander zu unterscheiden wie die Theorie von der Praxis. Die Kirchenlehre kann von Jesus Christus in zwei Naturen und einer Person reden, aber nicht selbst sagen: „Hier ist er, für dich.“

Ein großer, dicker Gott

Luthers Christologie speist sich aus einer eher unkonventionellen Betrachtung des bekannten Bildes der *Justitia.* Diese stellt bekanntlich eine Frau dar, der die Augen verbunden sind und die zwei Waagschalen in den Händen hält. Der Mensch und seine Sünde wiegen weit schwerer als er jemals wiedergutmachen könnte. Wie erreichte man, dass sich die eigene Seite mit der Gottes die Waage hält? Dieser Überlegung haben sich schon viele gewidmet, die, wie Anselm von Canterbury, eine ausgefeilte *Satisfaktionslehre* entwarfen. Luther stellte das Bild auf den Kopf. Was der Sünder braucht, ist kein Gott, der sich leicht macht, sondern ein großer, schwerer Gott, der in der Welt Raum einnimmt und ein entscheidendes Gegengewicht zum menschlichen faustischen Selbst bildet. Der Sünder kann mit einem unscheinbaren Gott hinter Klostermauern, der ab und zu in einen Körper schlüpft und wieder raus, nichts anfangen; er braucht einen Fleisch gewordenen Kerl, der mit so viel Kraft und Tiefe in die Welt kommt, dass er, wenn Gott in der anderen Waagschale sitzt, in die Höhe schießt als wäre er auf der leichten Seite einer Wippe. Laut Luther befindet sich Christi Leib überall dort, wo Christus ist – also überall!! Der menschliche Verstand

und sein ständiger Begleiter, der freie Wille, mögen sich dadurch natürlich überflüssig fühlen. Die Vorstellung Christi als einer dicken, unbeweglichen Präsenz in der Welt wurde nach Luthers Tod äußerst kontrovers diskutiert. Man fragte sich ungläubig, spätere Reformer wie Johannes Calvin eingeschlossen: Was für ein fettes Monster wäre Christus, wenn sein Körper tatsächlich überall dort wäre, wo sein göttliches Wesen ist?

Es wird noch komplexer: Luther ging von einer Präsenz Gottes aus, die überall dort war, wo sich der Mann Jesus befand. Er stellte die konventionellen Beschreibungen einer Adoption wie man sie in den sog. Logos-Christologien findet, in denen ein Mensch gewordener Gott die Menschheit in gewisser Weise unter seine Fittiche nimmt und sie einfach ein bisschen „göttlicher" macht, auf den Kopf. Luthers *Adoptionstheorie* kreiste nicht um die Frage, wie Menschen in den Dunstkreis des Göttlichen gelangen, sondern wie sich das Göttliche erniedrigen kann, Mensch wird und – anders als unser Streben nach „spirituellen"

Sphären, die wir als dem Körperlichen „überlegen" erachten – auf dem Boden bleibt. Hat Gott sich und seine korpulente Gnade einmal in dieser Welt niedergelassen, werden ihn keine spirituelle Diät oder gar heiliges Instrument wieder los. Sünder werden erst durch sein „Herunterkommen" als gigantisches göttliches, unbewegliches Gewicht zu wahren Menschen. Deshalb bedeutet Heil bei Luther nicht, alles Menschliche hinter sich zu lassen und wie Gott zu werden; es bedeutet, in Christi neuem Reich als Gottes eigene vertrauende Geschöpfe noch menschlicher zu werden. Mensch sein heißt, in dem täglichen Vertrauen auf seine Verheißungen alles in der Welt von Gott zu empfangen.

Die *communicatio idiomatum* bedeutete für Luther, dass wir keinen anderen Gott haben als diesen konkreten Mann Jesus. Wir sind an ihn gebunden, ob uns das gefällt oder nicht, auch wenn er unseren religiösen Vorstellungen eines Gottes, der alle Völker und Religionen der Erde in sich vereint, den eine übergreifende Theorie endlich erklären und unsere Vernunft befriedigen kann, nicht entspricht.

Jesu simultane Göttlichkeit und Menschlichkeit lassen sich nicht über das Konstrukt zweier Bretter erklären, die irgendwie zusammenhängen. Gott und Mensch greifen so stark ineinander, dass wir nicht mehr wissen, wer Gott ist, ohne auf Jesus zu schauen. Entgegengesetzt gilt: Wir wissen nicht wirklich, was ein Mensch ist, wenn wir Jesus ausklammern. Alles, was Gott ist, ist in ihm – Schöpfer, ewig, willensstark, vorherbestimmend, gnädig. Dieser Gott ist so Fleisch geworden, dass er, hat er sich einmal auf der Erde niedergelassen, beharrlich bleibt und sich spirituellen Versteckspielern widersetzt.

Kapitel 9

Zu einem hohen Preis: Jesu Kreuz als Heil der Sünder

Mein Knecht, der Gerechte, wird den Vielen Gerechtigkeit schaffen; denn er trägt ihre Sünden.

(Jesaja 53,11)

Was um alles in der Welt hätte Christus am Kreuz verloren, wenn es ein anderes Mittel zur Versöhnung gegeben hätte? Mit dieser Frage schlug sich Luther lange herum und bedrängte auch seine Mitmenschen damit. „Denn wenn wir mit Gott versöhnt worden sind durch den Tod seines Sohnes, als wir noch Feinde waren [was uns das Kreuz bestätigt], um wie viel mehr werden wir selig werden durch sein Leben, nachdem wir nun versöhnt sind." (Römer 5,10)

Was passierte bei Jesu Ankunft?

Luther war ein typischer *bottom-up* Theologe, einer, der von unten nach oben denkt, nicht andersherum. So setzte er gedanklich stets ganz unten an, bei Gott in der Krippe; Gleiches traf auf die Geschichte Jesu zu. Er warnte davor, Jesu Geschichte und alles, was Jesus zu seinen „Erdenzeiten" widerfahren war, zu beschönigen. Jesus war weder als König (zumindest erkannte ihn keiner als solchen) noch als Zauberer oder Revolutionär aufgetreten, sondern als *Prediger.* Seine Verkündigung brachte ihn in Schwierigkeiten, denn er handelte so, als könnte er wie Gott Sünden vergeben. Zum Gelähmten sagte Jesus: „Sohn, deine Sünden sind dir vergeben," und erntete die Entrüstung der Schriftgelehrten: „Er lästert Gott! Wer kann Sünden vergeben als Gott allein?" (Markus 2,5–7)

Bei der Geschichte Jesu geht's doch um die Frage, ob er, unabhängig von menschlichen Darstellungen seiner Praxis, tatsächlich Sünden vergeben konnte oder nicht. „Denn wo Vergebung der Sünden ist, da ist auch Leben und Seligkeit,"[35] so Luther in seinem *Kleinen Katechismus.* Was geschah aber, als Jesus tatsächlich Sünden vergab als einer, der Autorität hat? Er wurde getötet.

So viel zu Jesu Geschichte: Er war ein Mann, der Sünden vergab wie Gott und dafür gekreuzigt wurde. Was könnte daran gut sein? Ein eingebildeter freier Wille, der mit der Gnade in Sachen Heil kooperiert, will immer mehr Zeit herausschlagen. Wofür? Um Gott zu geben, was er verlangt, um bessere Worte zu finden oder Verstecken zu spielen und dadurch Zeit und Raum für die eigene Hoffnung zu gewinnen. Ein toter Jesus lässt derartige Pläne ins Wasser fallen, wie Luther selbst erfahren musste. In diesem Kontext griff man gern auf die Zwei-Naturen-Lehre zurück, um zu zeigen, dass mit Jesu Tod nicht auch gleich *Gott* gestorben war. Stürbe Gott, wer verantwortete dann das Weltgesetz, das dem menschlichen Willen die *Zeit* gäbe, gerecht zu werden?

Deshalb hatte Jesus wohl keinen Platz in dieser alten Welt, in der die Menschen hintenrum, auf quasi-legalem Weg gerecht zu werden versuchten (und dies bis heute versuchen): „Die Füchse haben Gruben, und die Vögel unter dem Himmel haben Nester; aber der Menschensohn hat nichts, wo er sein Haupt hinlegte.“ (Matthäus 8,20) Die herrschenden Autoritäten verurteilten ihn wie einen, dessen Zeit einfach abgelaufen war. Die Menschheit hat weder Zeit noch Raum für Gott und seine Vergebung. Sie stellt die Ordnung der Erde permanent auf den Kopf und setzt der Ursünde, die sich nach etwas Besserem umsieht als Jesu Vergebung, ein Ende. Es waren religiöse, politische Menschen, die die Moral hoch- und sich selbst an Zeit und Gesetz festhielten, die Jesus ans Kreuz nagelten – um den menschlichen Raum und die Zeit vor Gottes vermeintlich voreiliger, permanenter Unterbrechung zu schützen.

Für unser Überleben wurde Gott gedemütigt, vor die Tore der Stadt gesetzt (Hebräer 13,12), außerhalb des Tempels, außerhalb der Opferstätte für die Götter, zu Abschaum und

Müll. Dort starb er den für einen Menschen schändlichsten Tod: den Kreuzestod. Jesus wurde wie der schlimmste Feind des Guten in der Welt behandelt und wie ein Aussätziger vor die Tür gesetzt, um der Welt in ihrer selbst gemachten Heiligkeit nicht im Wege zu stehen. „Der Schöpfer der Welt trat in die Welt (Logos), und die Welt erkannte ihn nicht." (Johannes 1,10) Wie schräg! Er wurde uns zum Fluch, unter genau dem heiligen Gesetz, das wir zu seiner Verdammung bemühten. Er wurde zur Sünde (Galater 3,13). Er wurde verachtet und hatte keinen, der ihn tröstete (Jesaja 53). Was aber hat das alles für mich zu bedeuten?

Christus, der Fluch

Die Kirche entwickelte die verschiedensten Theorien zu Bedeutung und Nutzen des leid- und äußerst schmachvollen Kreuzestodes Christi für den Einzelnen und die Welt (sog. *Versöhnungslehre*). Zu Luthers Zeiten konkurrierten drei Versöhnungsmodelle miteinander. Ein Modell sah im Kreuz die endgültige Niederlage des Teufels in der geschlagenen kosmischen Schlacht. Gott hatte den Teufel getäuscht; er hatte ihm seinen Sohn gegeben und damit die Ansprüche des Teufels auf die Sünder getilgt. Dieses Modell kam dem Manichäerglauben an zwei sich bekämpfende Gottheiten gefährlich nahe und stellte Gott als den Gesetzlosen dar, der den Teufel austrickste. Anselm von Canterbury legte einige Zeit später eine Alternative zu diesem Modell vor, in der sich die Kirche stärker auf das Kreuz Christi als stellvertretender Opferhandlung konzentrierte. Christi Opfer sollte die Schuld der Sünder gegenüber ihrem zornigen und gerechten Gott abbezahlen. Gott akzeptierte Christi Tod als Begleichung aller vorherigen Schuld. Dieses Modell schien zwar unter der Hand der göttlichen Buchhaltung, jedoch ohne den Sünder zu laufen. Eine dritte Theorie, die als Gegenentwurf zu Anselm gedacht war, legte die Betonung auf Christi Vorbildfunktion – sein Handeln als die Art, sein Leben in Nächstenliebe für andere zu geben. Auch dieser Entwurf litt aber an dem zu hohen Anspruch der Nachahmung der Liebe Christi und scheiterte letztlich an der Darstellung des Todes Christi, die sich nicht auf das einmal erwirkte, immer währende Heil konzentrierte, sondern den Blick lediglich auf seine Beispielhaftigkeit richtete. Alle drei Modelle hatten einen biblischen Hintergrund. Luther studierte alle drei und erkannte als grundsätzliches Problem das Versäumnis, Jesus tatsächlich als Sünder darzustellen – als einer, der zum Sünder wurde, zum größten Sünder aller, zur Sünde selbst. Luthers Versöhnungsmodell berücksichtigte und integrierte diesen Gedanken.

1534 hielt Luther seine Galaterbriefvorlesung zum zweiten Mal. Eines der besprochenen Themen war der Höhepunkt des Buchstabens. Dafür zog Luther zwei Paulus-Aussagen heran: „Er hat den, der von keiner Sünde wusste, für uns zur Sünde gemacht" (2 Korinther 5,21) und „Christus hat uns erlöst von dem Fluch des Gesetzes, da er zum Fluch wurde für uns" (Galater 3,13). Beide Verse nahmen auf den für Luther wichtigsten Satz der Bibel Bezug: „Wir gingen alle in die Irre wie Schafe, ein jeder sah auf seinen Weg. Aber der Herr warf unser aller Sünde auf ihn." (Jesaja 53,6)

Luther entwickelte seine Kreuzestheologie am paulinischen Vorbild. Er betonte, dass Jesus keine Sünde kannte, Gott ihn aber *unseretwegen zur Sünde* gemacht hatte. Als problematisch empfand er in diesem Zusammenhang die Bibelkommentatoren, die sich darüber einig waren, dass Jesus keine Sünde kannte, und gleichzeitig nicht akzeptieren wollten, dass Jesus für uns Menschen *zur Sünde geworden* sei. Distanziert man sich jedoch von diesem zentralen Gedanken, erledigt sich auch die Vergebung. Mit der Konsequenz, dass der Mensch alleine Wege finden muss (wie die kirchliche Bußpraxis), die ihm noch anhaftende Sünde loszuwerden. Luther verwies hier gerne auf

Hieronimus, das Problem wird aber auch in Anselms berühmten Traktat *Cur Deus Homo* zur Satisfaktionslehre deutlich:

> Also darf oder kann der Mensch keinesfalls von Gott erhalten, was Gott ihm zu geben vorhatte, wenn er Gott nicht das Ganze, das er ihm genommen, zurückerstattet, damit Gott, wie er durch ihn verlor, so durch ihn zurückgewönne. Das kann aber nicht anders geschehen, außer daß, wie durch den Besiegten die ganze menschliche Natur verdorben und gleichsam von der Sünde durchsäuert wurde, mit der Gott keinen zur Vollendung jener himmlischen Stadt annimmt, so durch den Sieger so viele Menschen von der Sünde gerechtfertigt werden, als jene Zahl erfüllen sollten, zu deren Erfüllung der Mensch geschaffen wurde. Das aber kann niemals der sündige Mensch, *weil ein Sünder einen Sünder nicht rechtfertigen kann.*[36]

Argumentativ rüstete Luther richtig auf. Diese unterschwellige Leugnung des Kreuzes Christi als Ende der Sünde konnte er nicht akzeptieren. Ein Sünder könne einen Sünder nicht rechtfertigen? Naja, sagte Luther, Jesus sei nicht nur Sünder gewesen, er sei „uns zum Fluch“ geworden. Er habe gesündigt und Sünde auf sich geladen. Jesus war der Schlimmste unter den Sündern, der „höchste und größte und *einzige* Sünder“.[37] Dem Wahn-

sinn nahe (wenn nicht so etwas wichtiges wie die Vergebung auf dem Spiel gestanden hätte, wäre er vielleicht wirklich wahnsinnig geworden), wurde Christus zur Sünde selbst. Wer sein Vertrauen auf andere Dinge setzt – wie z.B. auf die Grundregeln der ontologischen Logik (dass etwas nicht gleichzeitig etwas und dessen Gegenteil sein kann) –, kann natürlich nicht akzeptieren, dass Christus ohne Sünde war und gleichzeitig Schuld auf sich geladen hat, unschuldig und schuldig zugleich. Vertreter einer falschen Rechtfertigungslehre, die die eigene Gefälligkeit und Rechtfertigung zu schützen suchen, hören bei Paulus' Galaterpredigt gerne weg. Anselm und die christlichen Theologen verlangten *Reinheit* von ihrem Erlöser und meinten diesen gegen die Schande des Gesetzesfluches „ein Sünder kann einen Sünder nicht rechtfertigen" verteidigen zu müssen. In einem Zug versuchten die Theologen Christus, das Gesetz und sich selbst vor Ungerechtigkeit zu schützen, was dazu führte, dass ihnen Gott zum Lügner wurde. Auch, dass Christus zum Fluch wurde, passte ihnen ganz und gar nicht. Lieber suchten sie nach einer besseren Alternative.

Luther konnte gut nachvollziehen, dass das Kreuz und die komplette Vergebung der Sünden jemandem, der sich mit voller Überzeugung am Gesetz als dem rechten Weg orientiert, ein Dorn im Auge sein musste. „Kurz, unsere Sünde muss Christi eigene Sünde sein, oder wir werden in ewiger Verdammnis sterben."[38] Ist Christi Sünde nur ein Gerücht, gilt das auch für unser Heil. Warum verweigern sich Menschen der Aussage, dass Christus zum Fluch wurde? Um diese Problematik aufzuzeigen, wandte sich Luther dem Theologenprimus Thomas von Aquin zu. Seine Meinung war: Der Glaube allein kann den Menschen nicht erlösen, der Glaube muss „von der Liebe geprägt" sein oder es müssen ihm Werke der Nächstenliebe entspringen. Luther erkannte das Problem. Theologen, die die Vorstellung von Christus als Fluch ablehnen, wollen ihre Sünde nicht *in Christus,* sondern *in sich selbst* getilgt wissen. Sie denken Sünde einlinig, als Substanz, die zum menschlichen Leib gehört wie der Stein zur Mauer. Sie glauben, sie werden die Sünde dadurch los, dass sie das Gegenteil dessen tun, was sie hervorgerufen hat. Ein Mangel an Liebe kann nur durch eine Rückkehr der Liebe in die Herzen und den Willen der Menschen ausgeglichen werden. Es wäre doch lächerlich, wenn man sich in Angelegenheiten der Gerechtigkeit allein auf Christus verließe, ohne selbst auch etwas dazu zu tun; man müsse schon in sich selbst für Gerechtigkeit sorgen. Der fromme Wunsch, vor dem Gesetz in sich selbst wertvoll und gerecht zu sein, war Luther aus seinen Schul- und Klostertagen nicht unbekannt, aber stellte doch eine Utopie dar, die sich nicht auflösen ließ, selbst nicht, wenn der Mensch von Gnaden überschüttet würde. Die Menschen wollen sich selbst rechtfertigen, wenn nicht real im Leben, dann zumindest in der Erzählung davon. Luther war klar: Damit tritt die Menschheit auf der Stelle. Sie singt stets den gleichen Ton, ein „Lied“ über sich selbst, ihr Innenleben in die Welt heraustönend, als sei es selbst das Heil und müsste von der Welt angebetet werden. Mit der Zurückweisung Christi als dem Schlimmsten aller Sünder zeigten sie, dass sie auch für Christi Tod nicht verantwortlich gemacht werden wollten. Das Kreuz sollte bloß nicht auf einen selbst zurückfallen. Klar, keiner will unter dem Zorn Gottes sterben.

Dieser recht einfache und „unschuldige“ Wunsch, in sich selbst und nicht in Christus allein gerecht zu sein (und so den Tod zu umgehen), wurde zur Grundverwechslung von Gesetz und Evangelium, die wiederum in eine Zwickmühle mündete: der Trennung Christi von Sünde und Sündern. Wir fallen immer wieder in diese Falle, erfinden lieber eigene Worte, um zu erreichen, dass Christus (der heilig und rein ist) uns – gemäß dem Motto „gleich und gleich gesellt sich gern“ – heiligt und reinigt. Sokrates, Platon, Aristoteles und viele andere Philosophen argumentierten in diese Richtung. Wenn du Reiter werden willst, von wem wirst du’s lernen wollen? Sicher von jemandem, der sich mit Reiten auskennt. Willst du gerecht werden, an wen wendest du dich? Sicher an jemanden, der sich mit der Rechtfertigung auskennt. Wer wendet sich aber schon gern an einen Verlierergott? An einen toten Jesus? Wer geht denn schon zu einem *Sünder,* der unter dem Fluch des Kreuzes gestorben ist? Die Menschen wollen nicht, dass ihre Gerechtigkeit allein in Christus liegt; sie wollen sich lieber selbst ins rechte Licht rücken und sich unabhängig wähnen. So *beginnt* dann ihre Rechtfertigung mit dem Glauben, *endet* aber mit einem von Werken der Nächstenliebe bestimmten Leben, als Versuch, Christi perfektes Leben zu imitieren. Für Luther aber war klar: Wir Sünder sind auf Versteckspielmission. Wir wollen in uns selbst gerecht werden, indem wir Christus *zeitweilig* benutzen – als nähmen wir einen großen Luftzug aus einem Sauerstoffzelt –, es aber nie zuließen, für immer auf ihn angewiesen zu sein und uns damit auf eine lebenserhaltende Intensivstation einwiesen. Machte uns das nicht eher zu etwas Dahinvegetierendem anstatt zu einem echten Menschen, der sein Bestes tut, um rein zu sein? Lieber tot als ein Leben lang auf der Intensivstation, oder?

Leute wie Anselm warfen ein, die *Strafe* des Menschen mag auf Christus gelegen haben, nicht jedoch seine *Sünde,* denn Christus musste ohne Sünde sein, damit ihm der Mensch nacheifern kann. Ist er selbst die Sünde, fällt das ganze System in sich zusammen. Das Gesetz käme an sein Ende. Die Rechtfertigung des Menschen wäre in Christus, nicht in ihm selbst. Egal, wie stark er sich anstrengen mag, Jesu Tod am Kreuz wird er nicht zu seinem Ziel machen können. Das hieße ja, den Tod und Gottes Zorn auf seine Sünde zu spüren und mit einem verzweifelten „Mein Gott, mein Gott, warum hast du mich verlassen?" (Markus 15,34) auf den Lippen zu sterben.

Genau hier stehen wir an einer Wegeskreuzung. Der Mensch, so Luther, müsse lernen, den richtigen Weg einzuschlagen und dabei nicht der Logik des Gesetzes, sondern der Logik des Evangeliums zu folgen. Wenn Christus unschuldig ist und unsere Sünde nicht trägt, tragen wir sie and müssen sterben und mit ihr verdammt sein. Das ist das paulinische Paradox, dem es nichts entgegenzusetzen gibt. Entweder haftet die Sünde Jesus an und wird in ihm besiegt oder sie gehört zum Menschen und verweilt dort auf ewig, unter dem Zorn Gottes. Luther drängte seine Studenten, Christi Ehre nicht länger gegenüber der Sünde zu verteidigen, um die eigene Ehre vor Gottes Gesetz zu wahren. Sie müssten Gesetz und Evangelium – die Rechtfertigung allein aus Glauben – auf Christus und Kreuz anzuwenden lernen, dann öffneten sich ihnen die Augen und sie sähen etwas Furchterregendes und gleichzeitig Befreiendes. Das Objekt „Sünde" gehört wahrhaftig zum Subjekt „Christus", so, dass genau dort die Sünde des Menschen endet. *Christus wurde für uns zur Sünde.*

Gott kann einer falschen, am Gesetz orientierten Gerechtigkeitsvorstellung der Menschen und ihrem eingebildeten freien Willen nur beikommen, indem er ihre orientierungslose Suche unterbricht und sie mit ihren eigenen Waffen schlägt. Deshalb ist es Luther so wichtig, Paulus' Beharren auf Jesu Tod als Fluch *nach dem Gesetz* immer wieder hervorzuheben. Jesu Tod war weder eine Verwechslung noch eine Unebenheit auf dem Weg der Nachfolge. Der Hohe Rat (das Synhedrium) hatte das Gesetz nicht missbraucht. Die Römer hatten auch nicht naiv versucht, eine Revolution aufzuhalten. Als Jesus den Zenit seiner Macht (jedoch auch den Höhepunkt seines Kampfes mit Tod, Teufel, Fluch, Zorn und Sünde) erreicht hatte, wandte sich das Gesetz in seiner heiligsten und konzentriertesten Form gegen ihn. Jesus nahm den Kampf mit der Gesetzes geprägten Denkart auf und besiegte sie – über den Weg des Gegenteils: durch Verlieren.

Das ist das große Geheimnis der Schlacht zwischen Gesetz und Evangelium, zwischen Fluch und Segen am Kreuz. Gott zeigt, wo das Versteckspiel zwangsläufig enden muss, dann tut er etwas schier Unglaubliches: Er vergibt den verrückten Gottesmördern mit den Worten der Verheißung, die genau das erwirkt, was sie besagt: „Selig ist der Mann, dem der Herr die Sünde nicht zurechnet ... Dass es ihm [Jesus] zugerechnet worden ist, ist aber nicht allein seinetwillen geschehen, sondern auch um unsertwillen, denen es zugerechnet werden soll, wenn wir glauben an den, der unsern Herrn Jesus auferweckt hat von den Toten, welcher ist um unser Sünden willen dahingegeben und um unser Rechtfertigung willen auferweckt." (Römer 4,7.23–25) Die Suche nach besseren Worten führt in eine Sackgasse; Christi Worte aber erwecken die Toten zu einem neuen Leben ohne Zutun des Gesetzes.

Die Übersetzung des Hebräischen (Altes Testament) und des Griechischen (Neues Testament) legte große Schätze

frei. Die Bedeutung einer guten (und richtigen) Übersetzung der Bibel dürfe nicht unterschätzt werden. Luther begriff, dass eine der Hauptaufgaben des Theologen (besonders in der Vorbereitung einer Predigt) das Übersetzen der biblischen Texte war. Zwei bedeutende Schriften, der *Sendbrief vom Dolmetschen* und die *Übersetzung der Psalmen,* machen deutlich, wie sich das berühmte Wörtchen „allein" in die deutsche Übersetzung von Römer 3,28 eingeschlichen hat: „So halten wir nun dafür, dass der Mensch gerecht wird ohne des Gesetzes Werke, *allein* durch den Glauben." Warum? Weil Paulus großen Wert darauf legt, die guten Werke von dem, was rechtfertigt, zu trennen. Deshalb muss der gewissenhafte Übersetzer ein besonderes Wort (eine *particula exclusiva*) zur Verdeutlichung der Aussage des Satzes hinzufügen. Manchmal geht das auch andersherum. Dann muss sich der Übersetzer sklavisch an die Worte des Ausgangstextes halten, selbst wenn sie in der Übersetzung eigenartig klingen. Wie z.B. in Psalm 68,18, Luthers Lieblingsbeispiel: „Du bist in die Höhe gefahren, und *hast das Gefängnis gefangen,* Du hast Gaben empfangen für die Menschen, auch die Abtrünnigen, das Gott der Herr dennoch daselbs bleiben wird."[39] Das klingt wie schlechtes Deutsch, gab der Reformer zu. Er beließ es jedoch bei dieser Übersetzung, um dem hebräischen Original wegen der darin enthaltenen wahren „Lehre“ so nah wie nur möglich zu sein. So machte er es immer, wenn das Deutsche den Sachverhalt nicht genau traf. Er machte „dem Hebräischen Platz“, wie er sagte. Was die Idiomenkommunikation für Sünder bedeutete, fasst wohl nichts besser in Worte als die hebräische Fassung: Christus ist zum Tod deines Todes geworden (vgl. Hosea 13,14: „Tod, ich will dir ein Gift sein“).

Wie kommt Gott von der Sünde los? Indem er gegen die Sünde sündigt. Wie kommt er vom Töten weg? Indem er das Töten tötet. Wie setzt Gott dem menschlichen Versteckspiel ein Ende? Indem er ein Spiel verliert, bei dem die Spieler sowieso auf verlorenem Posten stehen. Wie bereitet er dem Gesetz ein Ende? Indem er das Gesetz verurteilt. Bevor man sich an der sprachlichen Ästhetik einer Aussage tatsächlich erfreuen kann, muss man sich vor ihr hüten. Da der Fluch Gottes eigener Zorn auf die Sünde und Christus Gott selber ist, hat der Mensch, wenn Christi Kreuz gepredigt wird, Anteil an dem Kampf zwischen Gott und Gott – in Christus: So stößt dann der Fluch (des Gesetzes) mit dem Segen zusammen und will ihn verdammen und vernichten. Aber das schafft der Fluch nicht, denn der Segen ist göttlich und ewig. So muss sich der Fluch unterordnen. Wenn nämlich der Segen in Christus in irgendeiner Form besiegt werden könnte, wäre auch Gott selber besiegbar. Aber das ist natürlich unmöglich,[40] befand Luther in seiner Galaterbriefvorlesung.

Gottes „fremder“ Wille am Kreuz wird von seinem „eigenen“ Willen „für dich“ geschluckt. Gott siegte, indem er dein Spiel verlor und sein eigenes Spiel der Sündenvergebung durch Auferstehung der Toten begann. Versteckspiel weder erwünscht noch notwendig. Sobald dich Christi Verheißung vom Tod befreit, ist der Tod nicht länger zu fürchten, denn dann liegt er hinter dir, statt deine Zukunft auf Schritt und Tritt zu bedrohen. Das Gesetz und seine Forderungen gehören dann der Vergangenheit an; es spielt keine Rolle mehr, weder als gegenwärtige noch als zukünftige Bedrohung. „Ist Gott für mich, wer kann gegen mich sein," fragte Paulus. Wenn Christus tatsächlich der letzte Richter ist und den Tod durch die Auferstehung von den Toten und die Vergebung der Sünder besiegt, was für ein Urteil ist dann noch zu fürchten? Durch die unbedingte Vergebung und die permanente Unter- und Durchbrechung deines Lebens hat Christus dem Tod seinen Stachel gezogen. Alle Sünde auf Jesus zu werfen heißt: Die Sünde ist vergangen. Sie hat keine Macht mehr über dich und dein Gewissen. Stattdessen ruft Christus seine Schafe beim Namen und gibt ihnen, wessen sie bedürfen. Unter diesen veränderten Bedingungen, so Paulus, könne uns nichts (weder Tod, Sünde noch Teufel) „von der Liebe Gottes, die in Christus Jesus ist, unserm Herrn" (Römer 8,39) scheiden.

In Christus kämpft Gottes Fluch mit seinem Segen. Sobald der Vater seinen eingeborenen Sohn von den Toten erweckt, bricht eine neue Zeit an, ein neues Königreich, eine neue Schöpfung, dessen Frucht der auferstandene Christus selber ist (1 Korinther 15). Der Heilige Geist lobpreist Christus als den Herrn der neuen Schöpfung. Die Auferstehung und das Ewige Leben werden ihm überantwortet.

Obwohl wir Gottes Vergebung zuerst gar nicht wollen – es sei denn, wir stürben – und deshalb Christus weder Zeit noch Raum auf dieser Erde einräumen, kommt Gott durch's Hintertürchen. Unerwartet schafft Gott eine neue Zeit und einen neuen Ort und weckt Christus, den Verlierer, von den Toten auf. Jetzt hat dieser Christus Zeit für uns – selbst dann aber schon, als wir noch unwürdig waren und uns nach besseren Worten umschauten. Er hat auch Platz für uns in diesem neuen, unvergleichlichen Raum und dieser Zeit, die vom Heiligen Geist ausgehen. Obwohl unserem Blick versperrt, ist dem Glauben dieses bereits angebrochene, spirituelle Reich zugänglich.

Ausgehend von dieser bedeutenden Wandlung legte Luther den Predigern nahe, eine neue Sprache zu sprechen. Christus kam sowohl von oben als auch von unten, größer denn je, kleiner denn je, für dich maskiert als die Macht Gottes, die mittels geschaffener Dinge vergibt: durch seinen Leib und sein Blut, Wasser, Brot und Wein, über die schnell verklingenden Worte eines Predigers. Christus aber läuft nicht nur schneller als die Sünder, die seinem Wort entfliehen, er kommt aus beiden Richtungen gleichzeitig auf sie zu! Kein Ausweg! Die Gnade stellt sich unbeugsam, unwiderstehlich, prophezeiend, vorherbestimmend in den Weg; und der Mensch wird ohne sein Zutun geprägt, berufen, gerechtfertigt und erhöht (Römer 8,28). Wenn der Prediger also auf dich zukommt, musst du nur die „schreckliche“ Wahrheit akzeptieren, dass für die Vergebung deiner Sünden *Christus allein* verantwortlich ist.

Kapitel 10

Das ist mein Leib: Gottes Gnadenmittel

Nehmt und esst; dies ist mein Leib, der für euch hingegeben ist.
(bei Matthäus, Markus, Lukas und Paulus)

Wo lässt sich Christus, der gnädige Gott, finden, damit er die sterbenden Sünder erlöst? Christi Tod rettet nur, wenn er für den Menschen persönlich gepredigt wird; sonst bleibt er ein unnachgiebiges Urteil der Geschichte. Luther lehrte, dass sich, wenn das Kreuz tatsächlich gepredigt würde, die Idiomenkommunikation *(communicatio idiomatum)* in der Person Christi – die persönliche Vereinigung der beiden Naturen (zu der einen Person Christus), wahrer Mensch und wahrer Gott – ereigne. In einem Furcht erregenden, *fröhlichen Wechsel* übertrage sich diese auf den Sünder. Über seine Niederlage hatte Christus ein neues Königreich des wahren Geistes, der Sündenvergebung in ihm selbst ohne Zutun des Gesetzes gewonnen, ein Reich des Seelenheils, eine Heimat für verlorene Seelen. Alles, was die Sünder sind und haben, nimmt ihnen Christus, und alles, was Christus ist und hat, gibt er den Sündern. Wenn du zu den Sündern gehörst, ist das, was Christus dir gibt, ein lebenslanger Superdeal. Wenn du schon heilig bist, kannst du ja mal versuchen, diesem Deal Konkurrenz zu machen.

Wie erfolgt der Wechsel? Wie lässt sich der Drang, immer bessere Worte finden zu wollen, stoppen? Wie durchbricht Christus das Versteckspiel? Indem er uns Worte gibt, die weder ignoriert noch idealisiert und in eigene Werkgerechtigkeit umgemünzt werden können: das *äußere Wort (verbum externum)*, an das sich der Mensch halten kann. Dem, der sich verrennt und jenseits der Schöpfung Gottes und seiner Worte sucht, gibt er gezielt „Dinge“ an die Hand, „Masken der Schöpfung“, an denen er mit seinen fünf Sinnen haften bleibt und sich dadurch im Vertrauen an Gott selbst hängt. Gott sei „so reich in seiner Gnade“. Gott habe ein Gegenmittel zur Bekämpfung der Versteckspielsünde:

> Erstens durchs mündliche Wort, worin Vergebung der Sunde gepredigt wird in alle Welt, welches das eigentliche Amt des Evangeliums ist. Zum andern durch die Taufe, zum dritten durch das Heilige Sakrament des Altars; zum vierten durch die Kraft der Schlüssel und auch per mutuum colloquium et consolationem fratrum [durch gegenseitiges Unterreden und Trösten der Brüder], Matthäus 18,20: „Wo zwei oder drei versammelt sind in meinem Namen, da bin ich mitten unter ihnen.“[41]

Manche Leute verkürzen diese Definition auf Wort und Sakrament als Glauben wirkende und das Reich Christi, die Kirche, ausmachenden Momente.

Gott will wahre Anbetung; unverbesserliche Versteckspieler suchen ihn jedoch außerhalb seiner Worte in der Welt. Gott richtig zu dienen heißt mehr als nur guten Willens zu sein oder sich mit einer langen religiösen Tradition zu identifizieren. Gottesdienst wäre kein Gottesdienst ohne Gottes eigene verheißungsvolle Worte der Vergebung. Immer wieder stieß Luther auf das Problem der „Spiritualisierung" des Wortes und der Sakramente durch selbsternannte Prediger, die den Gottesdienst mit ihrer *eigenen* Version des äußeren Wortes, der Taufe, des Abendmahls, der Vergebung und dem Gespräch und gegenseitigen Trost der Brüder und Schwestern zu verbessern suchten.

Hauptkanal der Sündenvergebung war aber die Predigt, die Gesetz und Evangelium von den Worten der Bibel aus für den Einzelnen persönlich *(pro nobis)* verkündete. Über diese reichte Gott den Gläubigen die „wertvollen Schlüssel" zum Himmel, die sie schon einmal in der Taufe empfangen hatten. In der Taufe heftet Christus die Verheißung der Vergebung an das Wasser. Indem die ursprünglichen Sünder mit dem Wasser in Berührung kommen, überträgt sich auf sie die Schlüsselgewalt, zu vergeben und zu verdammen. Luther bezeichnet das als das *Priestertum aller Gläubigen,* ein heiliges Priestertum (1 Petrus 2,5), das nicht nur Vertretern von Kirchenämtern vorbehalten ist, sondern, wie der Name sagt, allen Gläubigen zukommt. Eine Demokratisierung des Priestertums also! Im Grunde erhalten wir zwei Schlüssel; einen, um die Gefängnistür zur menschlichen Sünde zu schließen und einen anderen, um die Himmelspforte zur Vergebung der Sünden zu öffnen. Deine Gefängnistür lässt sich nur von außen öffnen, da der Wille in sich selbst gekrümmt ist und es der Hilfe von außen bedarf, einen Schlüssel in das Schloss zu stecken und ihn umzudrehen. Den Schlüssel dreht ein von außen kommender Prediger um, indem er erklärt: „Durch Christus sind dir deine Sünden vergeben." Deshalb war das erste, um das Luther bat, als er der Kirche zu einem dem Evangelium gerechten öffentlichen Gottesdienst verhelfen sollte, die Wiederherstellung des Predigtamts. Die Menschen sollten zusammenkommen, um Gottes Wort zu predigen und zu beten.

Eine Folge der *Luther-Affäre:* Die Priester gaben ihr Amt als Messe-Feiernde auf und wurden Prediger des Wortes. Die Sache war eilig: Luther sah sich umgeben von vielen sterbenden Seelen, die verzweifelt des Glaubens bedurften. In Christi Reich ist das Amt des Predigers das höchste. Nicht einmal das Bischofsamt hat mehr Autorität. Einem gefangenen Sünder die Himmelstür zu öffnen, ist das Wichtigste im Leben. Kein Papst kann das verhindern oder in der Ausführung kontrollieren. Für Luther ist die Autorität getaufter Christen, andere Sünder zu befreien, nie einem höheren Gesetz unterstellt, da die Getauften – die königlichen Priester – jenseits des Gesetzes leben.

Eine ganz andere Frage brannte Menschen zu Luthers Zeit unter den Nägeln: Kann jeder, der „den Geist spürt", jederzeit und überall predigen? Diese Frage kam nicht von ungefähr, sondern verdankte sich einer buchstäblichen Schwemme selbsternannter Propheten, die sich im Deutschland der 1520er Jahre als Gottes Geistesbotschafter, auch Spiritualisten, ausbreiteten (Luther nannte sie „Schwärmer" oder „Schwarmgeister").

Diese durchquerten das Land und versuchten die Menschen von ihrer Heiligkeit zu überzeugen, sobald sie nur irgendein Zeichen „spiritueller" Kraft an ihnen wahrnahmen. Jeder *echte* Prediger muss sich an der Frage messen lassen, wer ihm die Autorität zur Vergebung von Sünden gibt. Selbst Christus wurde sie gestellt. Wenn diese Frage im Raum steht, und das tut sie immer, reicht es nicht, sich auf irgendeinem inneren, äußerst subjektiven „Berufungsgefühl" auszuruhen. Nein, gerade hier ist doch von zentraler Bedeutung, dass sich der Prediger nicht selbst beruft oder ernennt. Es bedarf einer Berufung von außen, die den

Gegenpol zu dem inneren, eher flüchtigen Gefühl darstellt. Im Gegensatz zur römisch-katholischen Lehre betrachtet Luther die Ordination, die traditionell kirchliche Art zur Besiegelung einer (bereits vorhandenen) Berufung zum Priesteramt, die besondere Kräfte verlieh, nicht als Sakrament. Die Autorität des Predigers speist sich allein aus dem Wort Gottes, das zu tun, was verheißen war: Sünden zu vergeben.

Von wem aber geht diese Berufung aus? Als Christus seine Jünger ausrief, lag diese Macht allein bei ihm. Danach sei diese Autorität, so Luther, auf seine Prediger übergegangen, deren Worte die Sünder zur Versammlung in der Gemeinschaft der Kirche zusammenruft. Die Berufung gehe also entweder von den Nachfolgern der Apostel, den Bischöfen (Titus 1,5), aus oder „von einem Prinzen, einem Lehrer oder von mir [Luther]".[42] Die jeweilige Ortskirche wurde natürlich einbezogen in die Auswahl eines neuen öffentlichen Predigers, für den sie auch verantwortlich war. Indem er aufzeigte, wer an dem externen Berufungsprozess beteiligt sein konnte, wollte Luther keineswegs in Konkurrenz zum kanonischen (Kirchen-)Recht treten, sondern lediglich demonstrieren, wie eine öffentliche Berufung von außen zustande kommen konnte. Selbst zum Lehrer der Kirche ernannt und anerkannt, schloss sich auch Luther in den Kreis der „Rufer" ein. Die Gewissheit (die „Objektivität") einer *externen* Berufung half ihm persönlich, mit Anfechtungen und Zweifeln (und die immer wieder gestellte Frage „Bist du der einzige, der all das weiß?") umzugehen: „Ich bin ein Doktor der Kirche und deshalb an das Wort der Schrift gebunden," unabhängig davon, wie wenige oder wie viele glauben. Es war aber stets das Inhaltliche, die Predigt des gekreuzigten Christus mit ihren Folgen für die Sünder als Gesetz und Evangelium (den beiden Absoluten), von denen allein Tod und Auferstehung ausgingen. An dieser Verkündigung konnte auch die Regelung über die Einführung eines Predigers in den öffentlichen Dienst nicht rütteln (als ob das den Menschen zum Glauben bringen könnte); und keiner konnte sich einfach von alleine dazu entschließen, aus der Masse hervorzutreten und sich selbst zu berufen, weil er oder sie „den Geist gespürt“ habe.

Luthers Äußerungen zum Predigtamt und zu der Frage der Berufung durchzieht ein vorsichtiger Grundton. Immerhin sei das Predigen „Chefsache“, Gottes eigener

dringlicher Wunsch, Sünder anzusprechen und für Christi neues Reich auszuwählen. Wir kehren also zu der alten Frage zurück: Was, wenn mir Gott keinen Prediger schickt? Luther würde sagen: Dann ist es an der Zeit, den Ochsen bei den Hörnern zu fassen und selber zu predigen. Wo bleibt der freie Wille über die Dinge unter dir? Kann man dich nicht frei bewegen, wohin und wann immer man will? Stößt man auf eine Versammlung oder Kirche, die auf den Worten eines Predigers gründet, ist es natürlich nicht der freie Wille, der da gewirkt hat, sondern eine neue, von Gott ausgehende Macht und Freiheit, die verantwortlich ist.

Was wäre also, wenn jemand an einem sehr abgelegenen Ort keinen Prediger hätte – wäre das dann nicht Gottes Schuld? Abstrakt betrachtet schon, aber die Frage implizierte natürlich auch den, der da fragt. Hat er das Wort Gottes vernommen und weiß von anderen, die es noch nicht gehört haben, dürfte er nicht länger herumsitzen und über hypothetische Gründe grübeln, nicht zu glauben oder warum Gott nicht Gott sein sollte. Sobald der Mensch eine sichere Verheißung empfängt, die neben seinem vermeintlich freien Willen eine Hoffnung entstehen lässt, bleibt nur noch eins: denen, die seinen Weg kreuzen und noch nichts gehört haben, dienen und das Evangelium verkünden.

Nestorianische Katerstimmung in der Kirche: das päpstliche Hochgebet und Zwinglis Allöosis

In einer beeindruckenden kleinen Schrift, von der er glaubte, sie würde seine letzte sein, schrieb Luther 1527 sein Testament nieder und konzentrierte sich vor allem auf die Abendmahlsworte Christi „Dies ist mein Leib, für euch gegeben". Dieses Testament diente nicht nur als Waffe gegen den Schweizer Reformer Zwingli, sondern wurde zur Grundlage des später ausgearbeiteten öffentlichen Bekenntnisses der Protestanten, der *Confessio Augustana (Augsburger Bekenntnis)* von 1530, die die meisten, die sich *Lutheraner* nennen, bis heute vertreten. Luthers *Vom Abendmahl Christi. Bekenntnis* sollte auch später noch für Zündstoff zwischen Lutheranern und Calvinisten sorgen. Im Kern des Bekenntnisses stand der Glaube, dass „es neben diesem Mann [d.i. Jesus Christus] keinen Gott gibt."[43] Luther war der Meinung, dass sowohl die Sakramentarier (und deren Sprösslinge, die „falschen Brüder" oder Spiritualisten) als auch die Papstgetreuen den Glauben an Christus in ihrer Suche nach gesetzesmäßiger Reinheit in gewisser Form begruben.

Bevor es Luther mit Nestorius zu tun hatte, musste er sich zunächst mit Zwingli und den Sakramentariern auseinandersetzen. Seine Exklusivwaffe war die Schrift. Im Laufe der Zeit wurde Luther eine signifikante Parallele zwischen Zwingli und den „Römern“ klar: Zwinglis Problem mit dem Gott, der allzu anwesend ist, sich auf der Welt breit macht und Fleisch wird, war das gleiche, das die Papstanhänger zu ihrer Messopferlehre führte. Beide Parteien machten aus der im letzten Abendmahl ergangenen Verheißung Jesu ihr eigenes Dankgebet. Warum übertünchten Zwingli und Papst die Verheißung, dass Christi Körper zur Sündenvergebung dahingegeben werde, mit selbst ausgedachten Gebeten?

Zwingli hatte eindeutig Probleme mit dem zentralen Vers bei Johannes „das Wort ward Fleisch“, da dieser seinem Glauben an einen Gott, der sich nicht veränderte (besonders, wenn es darum ging, dass Gott sich ins Gegenteil verwandelt haben sollte, in einen Körper) widerstrebte. In seiner Vorsicht drehte er „das Wort ward Fleisch“ lieber um und las: „Das Fleisch ward Wort.“ Es verstoße gegen die Vernunft, so Zwingli, wenn Gott augenscheinlich eine Gestalt annehme, die er vorher nicht hatte. Was für ein Gott verwandelt sich einfach so in etwas anderes, und dann auch noch in einen Leib? So wie Nestorius Maria den Titel einer „Gottesgebärerin“ absprach, lehnten Zwingli und seine sakramentarischen Gefolgsleute die wörtliche Bedeutung des „Dies ist mein Leib“ ab. Deshalb lieferten sie allerlei „rationale“ Gegenargumente, z.B., dass diese Interpretation abstoßend und zu papstangehaucht sei, dass sie das Fleisch über den Geist stelle und dass Jesus schließlich nicht an zwei oder mehr Orten gleichzeitig sein könne – außer, er verließe seinen Körper, der zur Rechten des Vaters im Himmel sitze, und mache sich als „Geist“ in den Gedanken und Erinnerungen der Menschen und in seiner göttlichen Natur präsent. Zwingli griff bei seinen Überlegungen auf eine alte exegetische Methode zurück, die sog. *Allöosis.* Mit dieser ließen sich alle anstößigen Bibelverse nur auf eine der beiden Naturen Christi beschränken; die andere wurde ausgeblendet. „Der Mensch" Jesus konnte alles vermeintlich Gottesunwürdige verkörpern; alles, was für einen Menschen aber zu „hoch" wäre, gehörte zu „seiner göttlichen" Natur. Luther beschimpfte Zwingli und seine „verdammte Allöosis", denn ihm war klar: Dahinter verbarg sich der Versuch, sich vor der Anklage des Predigers zu schützen, dass der Mensch, als er Christus ans Kreuz schlugt, Gott tötete.

Während sich Zwinglis reformatorische Theologie konsolidierte, fingen ihre Verfechter an, die Art der Hingabe Jesu an die Sünder zu hinterfragen. Die Schlüsselperikope, die in diesem Kontext immer wieder bemüht wurde, war Johannes 6,63: „Das Fleisch ist nichts nütze." Bedeutete das nicht, dass ausschließlich spirituelle Dinge und nicht Körper oder andere materielle Güter heilsnotwendig waren? Da das Vertauschen von Subjekt und Objekt in „Dies ist mein Leib" anscheinend nichts auszutragen vermochte („Mein Leib ist dies"), versuchte es Zwingli mit einer anderen Alternative: „Dies *bedeutet,* dies *repräsentiert* meinen Leib". Luther war sprachlos. Solche Spielereien warfen die Kirche doch zum Beginn der Suche nach besseren (geistlicheren) Worten zurück, zur Ursünde im Garten

Eden, wo Gott nicht in Gestalt geschaffener Dinge erkannt und seine Worte zurückgewiesen wurden. Der Leib wurde wieder zu einem Zeichen, zu einer Art Fenster, durch das man den nackten Gott, der sich hinter Gut und Böse versteckt, erblicken und sich zu spirituell Höherem aufschwingen konnte. Es wurden Theorien darüber entwickelt, wie mystische Heilige an Gottes Geist teilhatten und erhöht wurden, um mit den Personen der Trinität zu kommunizieren. Das führte zu dem Glauben, dass man, solange bestimmte Gesetzesforderungen erfüllt waren, nicht wirklich in sich selbst sterben müsse. Luther wollte alle beide loswerden: diejenigen, die das *Verbrechen* des Mordes an Gott zu umgehen suchten und die, die sich der *Verurteilung* zum Tode entziehen wollten, indem sie penibel die Worte der Schrift anwandten und sich einen „sicheren" Gott strickten.

Da ging Luther ein Licht auf. Zwinglis Neuinterpretation der Worte „Dies ist mein Leib" funktionierte ganz ähnlich wie die alte, römische Version der *Transsubstantiation,* einer fein gestrickten Theorie, die das Mysterium der Wandlung von Brot in Leib und Wein in Blut erklären sollte. Diese sehr rationale Theorie machte das Abendmahl zu einer Opferhandlung, bei der der Priester eine Mittlerrolle zwischen Mensch und Gott einnahm. Ursprünglich waren sowohl die Sakramentarier als auch die Papstanhänger von der Abwesenheit Christi im Abendmahl ausgegangen. Dann passten aber beide die Worte Christi so an, dass sie die neue Theorie der Darstellung Christi (d.h. seiner Rückkehr) aufgriffen und die Gläubigen mit dem versöhnenden Kreuzesgeschehen verbanden. Das geschah in Form eines Gebets, das den Versammelten half, sich daran zu „erinnern", was Christus für sie getan hatte – die einen im eucharistischen Hochgebet, die anderen in einer Reihe von Gebeten, die der Gemeinde das Kreuzesgeschehen vergegenwärtigte und zu einer adäquaten Reaktion, dem Dank, aufrief (deshalb *Eucharistie* vom griech. *eucharisteo,* danken, Dank sagen).

Schon 1520 hatte Luther in *Von der babylonischen Gefangenschaft der Kirche* das Papsttum schon wegen falscher Spiritualisierungen der Gnade Gottes angeklagt. Das war insofern besonders ärgerlich, als die Päpste die kontinuierliche Evolution des Opfergeheimnisses im Kern des christlichen Gottesdienstes mit ihrem eucharistischen Hochgebet quasi legitimiert hatten. Für Luther verkörperte dieser Akt nicht nur den Schlüssel zur päpstlichen Gewalt, sondern den *Antichrist* selber. Messgebet und Abendmahl waren unmittelbar miteinander verknüpft. Man machte aus Christi Vergebungsverheißung lieber eine *Opferhandlung für* Gott als sie als *Geschenk von* Gott anzunehmen. Das stellte aber alles auf den Kopf und warf den Menschen in einen Topf mit Christus, als ob ein Heiliger mit Christus zusammen für das Heil der Menschen hätte eintreten können. Das Opfer, das der Priester Gott trotz seiner Unwürdigkeit darbrachte, sollte ihn zum Heil führen. Darum bat er in der Messe.

Für Luther gehörte der Papst, der dieses Gebet autorisiert hatte, in die Riege selbsternannter Prediger, die Christi Worte der *Verkündigung* durch ihre eigenen im *Gebet* ersetzten.

Luther beobachtete, dass sowohl die römische Liturgie als auch die Sakramentarier die verheißungsvollen Worte Christi mit ihren eigenen Gebeten übertönten. Die Worte „Dies ist mein Leib" seien keine *rituelle Handlung,* die Christus inner- oder außerhalb von Brot und Wein „geistig" anwesend sein ließe. Diese Worte, so Luther, *erinnerten* die Menschen nicht an eine Verheißung; sie *seien* die Verheißung selbst. So langsam dämmerte es Luther. Beide Parteien, die Sakramentarier genauso wie die „Römer", wollten aus einem geheimen Grund einen abwesenden Jesus: um sich Raum zu schaffen für ihren eingebildeten freien Willen.

Das in der Kirche fortbestehende Problem war nestorianischer Natur, wie Luther entdeckte. Jesu Inkarnation war für beide Gruppen wie ein einmaliger Riss in der Mauer, die zwischen Zeit und Ewigkeit, Materie und Geist, dem Unendlichen und dem Endlichen, Gott und Mensch verlief. Christi Himmelfahrt war auch eine körperliche, wie uns die Apostelgeschichte 1 erzählt, mit Leib und Blut. Das aber schien eine Störung in der Leitung zwischen den Möchtegerngläubigen und der eigentlichen Ankunft Christi hervorzurufen, die die Kirche zu beheben suchte. Wenn du keinen in dieser alten Welt präsenten Gott hast wie Luther, dann kann die Lücke zwischen Gott und Mensch nur von der Kirche und ihren Priestern geschlossen werden, oder von dem Entschluss eines freien Willens, Christus anzunehmen. In der römischen Kirche waren die Priester ganz spezielle Geistliche. Als Nachfolger Petri und der Jünger ordiniert, sah man sie als „Stellvertreter" Christi auf Erden, von Gott ermächtigt, Christus in der Eucharistie anwesend zu machen und seine Darstellung in Brot und Wein zu feiern. Die Kirche wurde zum Sakrament selber und die Geistlichkeit das Bindeglied zwischen den beiden Naturen Christi, die in mysteriösen Ritualen von speziell bevollmächtigten Priestern des Kults der Wiedervereinigung bedurften. Einen Christus, der sich breit machte in der Welt, der keinen Raum für einen sich dazwischendrängenden Mittler ließ, wollten weder Rom noch die Sakramentarier.

Für Luther war die Kirche kein Sakrament oder eine Versammlung gleich gesinnter Menschen, die sich in der Spiritualität versuchten; im Gegenteil, sie bestand aus Sündern, die sich um Christus versammelten, weil sie davon gehört hatten, dass er Sünden vergebe. Es gebe keinen anderen Gott als diesen konkreten Mann, der, weil er die Sünde der Welt trägt, so viel wiegt. Glücklicherweise bleibe Christus stets der Kopf der Kirche. *Er* gehe nirgendwo anders hin. Für Luther ist Gott kein „Mal-drinnen-mal-draußen"-Gott, sondern ein „Immer"-Gott. Wenn der Reformer Recht hatte, ging damit die lang anhaltende nestorianische Vergiftung und die Katerstimmung in der Kirche ihrem Ende entgegen.

Christi letzter Wille und sein Testament

Die Vorstellung des Abendmahls als Opfer- oder Gedächtnismahl lehnte Luther ab. Für ihn war das Abendmahl Christi *neues Testament.* Zu diesem Schluss wird er nach der Lektüre verschiedener Kommentare gekommen sein, die den Bezug von Priester und eucharistischem Hochgebet in einer Stelle im Hebräerbrief auszumachen suchten, die beschrieb, wie Israels Opfer und Priesterschaft in Christus neu gemacht werde. Allerdings war Luther der Meinung, dass es sich hierbei um eine Fehlinterpretation handelte. Der Hebräerbrief nehme explizit Abstand vom täglichen Opfer, denn Christus sei der einzige Priester und sein Kreuz allein das Opfer, das allen Opferhandlungen „ein für alle Mal" ein Ende gesetzt habe. In diesem Zusammenhang stieß Luther auf einen Fehler, der die gesamte kirchliche Sakramentenlehre betraf. Taufe, Abendmahl und Sündenvergebung stellten keine Verlängerungen alttestamentarischer Verheißungen dar, die nur die Juden hatten (vgl. Beschneidung, Passahfest). Wer die Sakramente von diesem Blickwinkel aus betrachtete, beging einen zweifachen Fehler. Erstens wertete der Gedanke, die christliche Kirche habe die richtige, verbesserte Version der gottesdienstlichen Handlungen erhalten, die an die Juden ergangenen Verheißungen ab. Thomas von Aquin beschritt beispielsweise diesen Weg: Er begriff die Sakramente als „*neue* Gesetze“, die sich mit Christus und seiner Kirche zu höheren Formen entwickelten. Zweitens verstand er die Verheißungen Christi als weitere Gesetzesvariante vollkommen falsch. In der Kirche folgten endlose Diskussionen darüber, wer heilig genug war, die Sakramente zu verwalten und wer sie überhaupt empfangen durfte.

Luthers Lehre wurde dezidierter. Er betonte, dass Christus *im* Abendmahl eine Verheißung ausspreche, die die spezifische Form eines *Testaments* annehme.[44] So lautet es im Brief an die Hebräer: „Darum ist auch er der Mittler des neuen Bundes, damit durch seinen Tod, der geschehen ist zur Erlösung von den Übertretungen unter dem ersten Bund, die Berufenen das verheißene ewige Erbe empfangen.“ (9,15) Der Sprache der Bibel bedienen wir uns noch immer im Alltag, wenn wir davon reden, dass jemand seinen „letzten Willen“ oder „sein Testament“ niederlegt, in dem er festlegt, auf wen seine Güter übergehen sollen. Zur Niederlegung gehört erstmal derjenige, der das Testament schreibt. Das ist meistens der Fall, wenn jemand seinem Tod entgegengeht. Der letzte Wille wird dann öffentlich verlesen, meist in hochgestochener Rechtssprache; es folgt die Benennung des Nachlasses und der Erben. Genau das hatte Christus im letzten Abendmahl getan, behauptete Luther. Alle, die hohe Erwartungen an Christi letzten Willen hatten, weil sie meinten, ihre Verdienste würden reich entlohnt, nahmen Anstoß. Christi letzter Wille war alles andere als konventionell und berechenbar. Wer einmal erfahren hat, wie heftig sich Familien in Erbstreitigkeiten verwickeln können, – da geht es immer um die Frage, wer was kriegt, wem was zusteht – weiß, was hier gemeint ist. Während seines letzten Mahls ist Jesus der Testamentmacher, dem die Ernennung seiner Erben zusteht. Die Erben sind seine um den Tisch versammelten Verräter –

selbst Petrus sollte Jesus verraten, bevor die Nacht zu Ende ging und der Hahn drei Mal krähte. Das Testament wurde „in der Nacht, in der er verraten ward" ausgesprochen. Jesus wusste, dass die Leute sich fragen würden, ob er noch bei Sinnen sei. Deshalb betont die Schrift, dass Jesus die Vorbereitungen und die Vorauskündigung seines eigenen Verrats noch vor der Zeit mit Bedacht plante. Nachdem er seine Erben eingesetzt hatte, nannte Jesus seinen Nachlass: „für die Vergebung der Sünden". Das ist ein wahrlich geistiger Nachlass, ein neues Königreich, eine neue Welt, geschaffen als Gegenstück und endgültigem Abschluss „dieser sündhaften Welt". Was die Erben erhalten, ist Vergebung – keine schicken Immobilien oder Autos.

Luther betonte, die Vergebung ihrer Sünden setze die Menschen nicht auf eine Art Nullpunkt zurück, von wo aus sie sich im nächsten Lebensabschnitt noch einmal stärker anstrengen könnten. Vergebung bedeutete die Öffnung des Himmels. Das Ewige Leben mit seiner eigenen neuen Welt „stört" diese alte Welt permanent. Zurück aber zum Testament. Zur Vollstreckung eines letzten Willens bedarf es einer rechtlichen Grundlage. Normalerweise bedeutet das, dass der letzte Wille auf einem Papier festgehalten und von Zeugen unterschrieben wird. Christi Wille besiegelt keine Unterschrift auf einem Papier, sondern sein eigener Befehl, der die verheißene Vergebung abseits eines jeden Gesetzes in sich selbst gibt: „Nehmt und esst; dies ist mein Leib, der für euch gegeben wird." Wie bei einem Rechtsdokument kommt diese versprochene Freiheit über einen materiellen, greifbaren Gegenstand (Brot und Wein) zustande, der mit dem Nachlass, der *dir* bestimmt ist, zusammenfällt. Nehmen und Essen, wie es Christus wünscht, ist die Maske, in der sich Gott selbst finden und in Wort und Gegenstand greifen lässt. Die öffentliche Verkündigung des letzten Willens und Testaments Christi, wo sie auch stattfinden mag, wird stets heftig umstritten sein von den Mächten dieser Welt, die dich deiner Sünde, gemessen am Gesetz, festzunehmen, anzuklagen und zu verurteilen suchen. Deshalb wird dieser Wille notwendigerweise zu einem Schlachtfeld, auf dem Satan, der Tod und das sündhafte menschliche Selbst versuchen, ihre eigenen Ansprüche gegen Christi kostenloses, unbedingtes Geschenk geltend zu machen. Im Lichte derartiger Anschuldigungen müsste man seinen Anspruch auf Christi Königreich der Vergebung beweisen. Satan und seine Gefolgsleute werden Zweifel in dir wecken und dich des Verrats, der Unwürdigkeit, der Sündhaftigkeit und Unreinheit anklagen; oder die entgegengesetzte Taktik verfolgen und dich davon zu überzeugen suchen, dass du all das gar nicht benötigst. Du könntest dich doch mittels eigener Werke selbst rechtfertigen, du habest doch deinen „Glauben", für den du dich selbst entschieden hast. Darauf kann man nur mit dem Bekenntnis antworten: Ja, ich habe Christus verraten und habe getan, wie befohlen – genommen und gegessen und so seinen Nachlass angetreten.

Zu dem Zeitpunkt des letzten Mahles Christi war also alles bereit für die Sünder, ihren Anspruch auf die Vergebung der Sünden und das ewige Leben geltend zu machen, entdeckte Luther. Eine Sache fehlte jedoch. Damit der letzte Wille tatsächlich umgesetzt wird, muss der, der ihn niedergelegt hat, sterben. Was, wenn die Erben untereinander konspirieren oder wenn sie den Sterbenden aufgeben, sich aus dem Staub machen oder gar selber sterben? Genau hier muss Christus mit seiner starken, unbeugsamen Verheißung und seinem Willen gegen all die Mächte antreten, die die alte Welt zu bieten hat – Sünde, Tod und Teufel. Denn Christus ist denen gegeben, die ihn am nötigsten haben: seine Verräter. Nur die Kranken brauchen einen Arzt. Wie aber kann der Kreuzestod Christi, ein historisches Ereignis der Vergangenheit, Menschen von heute retten? Ein Testament mag verkündet sein, tritt aber erst mit dem Tod dessen, der selbiges niedergelegt hat, in Kraft. Alle Versuche, die Menschen in Form erneuter

Opferhandlungen oder Gedenken über ein bestimmtes Ritual, eine mystische oder liturgische Handlung mit Christi ein für allemal gewirktem Kreuzesopfer zu verbinden, mussten zu einem Ende kommen. Das Abendmahl war ein öffentlich verkündetes Wort, das sowohl Gesetz als auch Evangelium in den Leben der Sünder wirkte.

Hier findet sich auch Luthers Lösung des alten theologischen Problems, wie sich die Verknüpfung der beiden Teile der augustinischen Definition eines Sakraments (Wort und Zeichen) nach Augustinus weiterhin bewahren ließ. Das Papier, auf dem der letzte Wille festgehalten ist, ist nicht das Erbe selbst, hat jedoch eine größere als die bloß symbolische Bedeutung. Das Schriftstück ist mehr als der Hinweis auf einen abwesenden Gegenstand, mehr als eine Gedächtnisstütze für die Hinterbliebenen. Es ist das, woran die Erben sich halten, was sie bewahren, damit sie es vorlegen können als Beweis für das Recht auf den Nachlass, die Verheißung. Damit erledigt sich jede Diskussion. Falls das Papier und somit der letzte Wille verloren geht und du, als Erbe, es dem, der es dir streitig machen will, gestehst, ist das natürlich dramatischer als wenn du das Mobiliar des Nachlasses verstellt oder verscherbelt hättest. Damit hast du deinen Anspruch abgetreten und

deine Gerechtigkeit gemäß dem Gesetz bleibt unerfüllt. Das Papier und der Nachlass sind für dich eins, woran du dich klammern musst wie an das Leben. Genauso verhält es sich mit Brot und Wein, Leib und Blut Christi. Im Glauben empfangen, geben sie dir das unbestreitbare Recht, dem Gewissen jegliche Zweifel an der Vergebung der Sünden auszutreiben. Statt der Zweifel hast du das Recht, Christus in dein Gewissen reinzulassen. Leise magst du ein „Du bist mein; ich habe dich erobert." vernehmen.

Aus diesem Grund lehnte Luther die die Worte „Dies ist mein Leib" schwächenden „Weiterentwicklungen" durch das (römische) eucharistische Hochgebet und die Symboltheorien der Sakramentarier ab und setzte sich dafür ein, dass Christi Wille, die Worte an seine Verräter, öffentlich und laut, sodass es jeder verstehen konnte, verlesen würde. Durch diese Verkündigung überantwortet Christus sein ganzes Königreich den Sündern, während Leib und Blut unter der Maske von Brot und Wein verteilt, erfasst, *begriffen* und gegessen werden.

Das Marburger Religionsgespräch 1529 (ein Treffen, das von den politischen Herrschern zusammengerufen wurde, um die Spaltungen zwischen Luther und den anderen Reformern in ihrer politischer Defensive gegen Rom zu beseitigen) scheiterte in einigen zentralen Punkten: Luther weigerte sich, seine Aussagen zu den Einsetzungsworten im Abendmahl „Dies ist mein Leib" zu widerrufen, und so gingen Lutheraner und die anderen Reformer dauerhaft getrennte Wege. Luther wünschte Zwingli alles Gute und verabschiedete sich mit der sarkastischen Bemerkung, dass der Schweizer wohl „von einem anderen" als dem Heiligen Geist sei.

Allein in Christus der einzigen Gerechtigkeit zu begegnen, bedeutete nicht, dass Kirche oder/und Welt bereit wären, auf ihre eigene Gerechtigkeit zu verzichten, merkte Luther. „Wie ein Affe seine Nachkommen liebt, liebt die Welt nur die Dinge der Welt [...] Alles andere, was sich außerhalb der Welt befindet und nur auf Glauben basiert,

vernachlässigt sie stolz und trampelt darauf herum wie auf einem verkannten Schatz."[45] Luther blieb hart. Sein Freund Melanchthon stimmte ihm zu und gab vorsichtig zu, dass eine ernsthafte Krankheit nun mal einen „strengen Doktor" brauche. Diesen habe Gott scheinbar in Gestalt von Martin Luther gesandt. Die Tugendhaftigkeit der Welt, besonders ihre sich über Opferhandlungen definierende Religion, sei letztlich nur „Affenliebe", wenn man sie mit der Liebe Gottes vergleiche. Gott hat sich erniedrigt, ist Fleisch geworden, um durch den Tod zum Leben zu gehen. Die Sünder sterben unter dem Zorn Gottes, aber werden durch die voraussetzungslose Gnade ohne Zutun des Gesetzes in Christus auferstehen. Das zu erfahren, so Luther, bedeute, frei zu sein.

Kapitel 11

Die Freiheit eines Christenmenschen

Zur Freiheit hat uns Christus befreit! (Galater 5,1)

Ein sich in der Welt körperlich breit machender Gott, der Mann Jesus Christus, an dem keiner vorbeikommt, bringt Heilige hervor, an denen auch keiner vorbeikommt. Die alte, in Klöstern verbreitete Vorstellung, Heilige übten sich vornehmlich in der Unterdrückung und Abtötung ihres körperlichen Verlangens und versuchten, durch spirituelle Übungen, teilweise auch unter Ausnutzung anderer, dieser Welt zu entfliehen, fand bei Luther ein Ende. Er glaubte, dass der Austausch zwischen Christus und seinen Sündern diesen all ihre Sünden nahm und ihnen seine Gerechtigkeit brachte. Damit würden sie frei für ein neues Leben, das zwar *in* der alten Welt, aber nicht *aus* ihr sei, ein Leben wie ein Salzkorn, das die Schöpfung erhält, ihr Geschmack verleiht und wie Hefe den ganzen Teig aufgehen lässt. Wie geniale Gedanken oft ganz simpel erscheinen, war auch Luthers Einsicht unglaublich einfach: Gott bedarf deiner guten Werke nicht, aber dein Nachbar. Diese Erkenntnis stellte Schöpfung und Gesetz in ein neues Beziehungsgefüge. Weder das eine noch das andere wurde dadurch zu einem Heilsmittel an sich, sondern diente vielmehr denen, die es nötig hatten. Gott hat viel mit uns vor; er will durch uns gute Werke für andere hervorbringen, da es tatsächlich Menschen und Probleme in dieser Welt gibt, die genau dieser, unserer Hilfe bedürfen.

Glaube und Berufung sind wahre Geschenke des Heiligen Geists, keine Produkte einer vermeintlichen Zusammenarbeit des freien Willens und der Gnade Gottes. Luther glaubte, dass ein guter Baum gute Früchte hervorbringe, eine gute Frucht andersherum jedoch keinen guten Baum. Der Trick: die richtige Richtung einschlagen. Gott kommt herunter, damit du „ausziehen" kannst. Du sollst dich nicht ständig fragen, wie du mehr Früchte produzieren kannst, sondern, wie Gott dich zu einem guten Baum machen kann, ohne Zutun des Gesetzes in Christus. Bevor du in deinem Leben für andere produktiv werden kannst, herrscht völlige Passivität. In dieser Zeit tut Gott, was Gott so tut – er schafft Neues. Gottes neue Schöpfung ist eine wahrhaftig lebendige, aktive Sache, die sich in der Welt als Mittel breit macht, durch das Gott Leben erhält und verbessert.

Der Glaube: Freiheit und Versklavung

Wenn man selber nichts für sein Heil tun kann und vor Gott vollkommen passiv ist, ist man dann nicht wertlos? Befindet man sich dann nicht im Leerlauf; ist man dann nicht so gut wie tot? Und war es nicht sogar Luther, der Heiligkeit, Spiritualität und Moral, die eigentlichen Herzstücke der Religion und Motive für gute Taten, abgeschafft hatte?

Kritikern galt Luther als äußerst unspiritueller Mensch. Er hatte den üblichen religiösen Rahmen gesprengt. Er war der feurigste aller apokalyptischen Propheten, der der Welten Ende und den Anbruch eines neuen Reichs in Christus vorhersagte; aber seine Weltlichkeit war zuweilen befremdlich. Sein erster verleumderischer Biograph, Johann Cochlaeus, beklagte sich über Luthers laute Art, wenn er z.B. spät am Abend Laute spielte. Luther war in der Tat sehr weltlich. Er glaubte, dass die kosmische Schlacht, die in Christi Tod und Auferstehung gewonnen war, dem ständigen Streben der Sünder nach geistiger Selbsttranszendierung der Welt (und dadurch Flucht vor dieser) ein Ende gesetzt hatte.

In seiner berühmten reformatorischen Schrift *Von der Freiheit eines Christenmenschen* (1520) gab Luther zu, dass seine Lehre den Grundregeln der Vernunft widerspricht. Sie geht davon aus, dass Christi Verheißung eine permanente Störung des eigenen Lebens darstellt. Nach dem logischen Grundsatz der Widerspruchsfreiheit kann etwas nicht ganz und gar eine Sache sein und gleichzeitig ihr Gegenteil. Luther bemerkte jedoch, dass sich Christen, die Kreaturen der neuen Schöpfung, permanent zwischen zwei Thesen, die in einem eklatanten Widerspruch zueinander zu stehen scheinen, bewegen:

> Ein Christenmensch ist ein freier Herr über alle Ding und niemand untertan.
> Ein Christenmensch ist ein dienstbarer Knecht aller Ding und jedermann untertan.[46]

Obwohl sich diese beiden Sätze zu widersprechen scheinen, wollen wir doch mal sehen, ob sie nicht doch zusammen passen. Vielleicht wie bei Paulus in der Beschreibung seines Glaubens „Obwohl ich frei bin von jedermann, habe ich doch mich selbst jedermann zum Knecht gemacht" (1 Korinther 9,19). Freier Mensch und Knecht in einer Person – wie passt das zusammen?

Das erste, was es zu beachten gilt, sind die einander ausschließenden Partikel „niemand“ und „aller“. Geht’s noch ein bisschen drastischer? Warum wählt Luther diese Extreme? Glauben bedeutet nicht ein bisschen, sondern *total* frei zu sein. Und du bist nicht Herr über irgendetwas, wie beispielsweise über deine inneren Gelüste, sondern über *alles* und nicht irgendwem, sondern *niemandem* untertan! Eine ganz neue Denkart – revolutionär!

Wenn du nur einen Ton zum Singen hast und du deine Beziehung zu anderen und zu Gott ausschließlich als eine Form des Gesetzes betrachtest, ist dein Selbstbild natürlich ganz dadurch bestimmt, ob du gute Werke leistest oder nicht. Dann bestimmt der Grundsatz, dass „du *bist,* was du *tust*“ dein Leben und du leitest dein Selbstwertgefühl davon ab, wie viel du tatsächlich geleistet hast. In einem solchen Denkansatz ist der freie Wille reine Privatsache. Dieses geht aber mit eingleisigem, engem Denken einher. Da wird „allein aus Glaube“ zum gefürchteten Todesstoß deiner spirituellen Ambitionen; und der Tod selber das Ende deiner religiösen, vom freien Willen unterstützten Karrierechancen. Luther setzte drei drastische Darstellungen der sog. „Glaubensmächte“ dagegen, um das zu füllen, was die Versteckspieler für Leere hielten.

Die erste Macht des Glaubens ist die Freiheit vom Gesetz. Wenn du dich an Christi Verheißungsworte hängst, werden dir (und auch Gott) gute Werke nichts mehr

bedeuten. Das einzige, was zählt, ist Gottes Wort und die Zusage „Wenn euch nun der Sohn frei macht, so seid ihr wirklich frei." (Johannes 8,36) In Gottes Wort geht der Glaube auf. Aus ihm entspringt das Gefühl der Vereinigung, der Befriedigung, eines wahrhaftigen Rausches. Es ist ein bisschen so, als wäre man betrunken – als verlöre man die Kontrolle über sich und unterstellte sich allem, was Gott sagt.

Die zweite Macht des Glaubens entlässt die Seele nicht nur aus ihrem Gefängnis, sondern führt sie zu eben dem Ort, an dem sich der *wahre* Gott fassen und begreifen lässt. Das Versteckspiel endet, sobald den Verheißungen Gottes Glauben geschenkt wird. Gott ist keine unsichtbare höhere Macht, sondern konkret fassbar in seinen Worten, in seinen Verheißungen. Gott versteckt sich nicht, sondern offenbart sich und stellt sich deinem *Urteil*. Er lässt sich daran messen, ob er seine Versprechen hält oder nicht. Aus einem schwer begreifbaren Schicksal, einem bloßem „Zufall" gar wird dir Gott zu jemandem, den du als wahr, gerecht und gnädig erfährst. Probier's selbst. Ist eingetreten, was Gottes Worte dir verheißen haben? Hat deine eigene vergebliche Suche Glauben aus dem Nichts hervorgebracht? Das erste Gebot, und somit alle Gebote, schließt im Vertrauen darauf, dass *Gott* genau das Richtige tut, indem er *dich* durch Christus ohne Werke gerecht macht. Der Glaube ist nicht der Beginn etwas Größerem, das noch aussteht; *der Glaube ist der Anbruch des ewigen Lebens selbst*. Der wahre Gott hat sich dir so offenbart. Anstatt ängstlich auf die nächste Urteilsverkündigung zu warten, kannst du dich ihm ganz und gar anvertrauen. Luther war immer wieder fasziniert davon, dass sich der gnädige Gott tatsächlich in seiner Verheißung – vom Prediger verkündet, in der Taufe geschenkt und im Abendmahl gegessen und getrunken – finden ließ. Oder eher andersherum, wie Paulus in seinem Brief an die Galater bemerkt: *Ich finde nicht Gott, Gott findet mich* (vgl. Galater 4,9).

Eine dritte Macht entspringt dem Glauben. Sich im Herrn rühmen, nennt sie Paulus. Luther war etwas nüchterner und sprach von der Bestätigung der wahren Lehre. Das Wort Gottes berechtigt dazu, sich über den Tod zu stellen: „Tod, wo ist dein Sieg? Tod, wo ist dein Stachel?“ (1 Korinther 15,55) Mit ein bisschen Lebenserfahrung lässt sich gut nachvollziehen, dass es eine gewisse Genugtuung darstellen mag, sich sarkastisch, höhnisch und voller Verachtung über eine Sache zu äußern, die unter der eigenen Würde zu stehen scheint. Was gibt es Schöneres, als den Feind so richtig fies abzuservieren? Diese Art von Humor sollte man natürlich nicht überstrapazieren, immerhin mag das vernichtende Urteil die andere Seite demütigen und verletzen. Es ist auch nicht gerade die feine englische Art, sich abschätzig über jemanden zu äußern, der machtlos ist, der vielleicht auf der untersten Stufe der Leiter steht. Aber wäre es nicht trotzdem toll, seinen größten Feind wenigstens einmal im Leben so richtig zur Schnecke machen zu können, ohne Angst zu haben, dass er sich bitter rechen könnte? Wäre es nicht großartig, einmal in das eigene Grab zu gucken und laut zu lachen statt ängstlich um mehr Lebenszeit zu bitten? Diese dritte Macht des Glaubens entfaltet sich, wenn das Herz ohne Angst vor Vergeltungsschlägen über den Tod zu spotten lernt. Sie wird dir durch den über die Predigt verlängerten Austausch der Eigenschaften Christi zuteil. Das ist wie wenn Seele und Christus vermählt werden. Der „Ehering“ ist der Glaube selbst. Der Moment, in dem der Bräutigam sagt „Ich will“, besiegelt die Eheschließung und überträgt den Besitz des Bräutigams auf die Braut. Und umgekehrt. Gott guckt sich dann schon mal das Inventar deines Nachlasses an und findet sehr wahrscheinlich drei Dinge: Sünde, Tod und Verdammung durch den Teufel. Betrachtet man das Kreuz aus diesem Blickwinkel, wird klar: Christus ist nicht übers Ohr gehauen worden; er hat tatsächlich das von dir genommen, was deiner Seele anhängt – einschließlich der Verurteilung durch den eigenen Vater. Christus bekannte diese Dinge als die eigenen, zu einem hohen Preis, um sie in seiner eigenen Person zu bekämpfen. Was aber gehört zu Christus? Die Sünden vergebende *Gnade,* das aus dem Tod neu erschaffene *Leben* und das *Heil* (das ewige Leben). Die Seele muss lernen, wie sie ihre Anliegen und Eigenschaften auf Christus wirft und Christi Eigenschaften für sich selbst annimmt. Darin kann sich der Glaube rühmen, nicht in sich selbst, aber in Christus, weil sich seine Eigenschaften durch den Glauben auf dich übertragen.

Simul: *Ein Doppelleben*

Das bei weitem größte Problem mit der „Glaubensrühmerei“ ist die *Verborgenheit* des Glaubens in der alten Welt. Was man *sieht,* ist nicht das, worauf man *vertraut;* die beiden stehen sich sogar diametral gegenüber. Folglich muss der Glaube mit einer befremdlichen Überschneidung des Alten und des Neuen, das den Tod verhöhnt, klarkommen. Die Verborgenheit des Evangeliums bedeutet nicht, dass die Mächte des Glaubens nicht wirken – ganz im Gegenteil. Etwas *Unsichtbares,* wie ein Einhorn, mag nicht wirklich existieren, aber etwas *Verborgenes* ist echt und präsent, selbst wenn es Leute übersehen mögen, die vielleicht am falschen Ort suchen.

Ein Mensch, der sturköpfig darauf besteht, vor Gott durch seine guten Werke gerecht zu sein, scheint – selbst mit Hilfe der Gnade – den Glauben einfach nicht zu „sehen“, scheint nicht zu kapieren, worum es eigentlich geht. Jemand, der in sich gekehrt nach der Göttlichkeit sucht, scheint den Prediger übersehen zu haben, der Gottes Wort verkündet. Den größten Stein auf dem Weg des Glaubens an das Wort Gottes legen Leute, die sich selbst als permanent Sündigende betrachten und dem Austausch der Eigenschaften in Christus grundsätzlich nicht trauen. Die Kirche hatte immer schon Probleme damit, dass Menschen selbst nach Bekehrung und Taufe immer weiter sündigen. Was aber heißt das, dass Christen in sich selbst Sünder bleiben?

Alle Autorität der Welt ging für Luther von dem Wort Gottes aus, dass das erfüllt würde, was es aussagte. Beispiel: In der Taufe geht der Mensch ein in Christi Tod, *er stirbt.* Daraus zog Luther entsprechende Konsequenzen. Bevor sich aber mit Paulus überzeugt behaupten ließ, man sei „Herr“ und „Knecht“ zugleich, müsse man das *simul iustus et peccator* begreifen, d.h., dass man Sünder und zugleich *(simul)* Gerechter sei. Das ist doch aber ein glatter Widerspruch. Entweder man ist Sünder oder gerecht, oder? Zwischen den beiden steht jedoch die einschneidende Zäsur des Todes des alten Menschen (des alten Adam s.u.). Die Verkündigung vom Wort Gottes als Gesetz und Evangelium reißt den Menschen auseinander. Dieser Riss wird niemals geheilt. Ab diesem Zeitpunkt muss der Mensch sein Ich in zwei Gegensätzen denken, die gleichzeitig zusammengehören: alt und neu, tot und lebendig, Sünder und gerecht. Nichts schien die Papstgetreuen und die Sakramentarier mehr gegen Luther aufzuhetzen als sein Beharren auf diesen Punkt: Nach der Taufe bleibt nicht nur die *Sünde,* sondern *der ganze Sünder* – tot, hilflos, passiv, zu nichts fähig, und von ganz oben schon jetzt zur Perspektivlosigkeit verurteilt. Wenn das nicht schon schlimm genug wäre! Luther behauptete, dass neben dem

Sünder *ein Heiliger,* ein Gerechter, steht, auferstanden von den Toten.

Sich über zwei Gegensätze zu definieren, ist für unsere Daseinsform und unsere „Onto-logie", unsere Seinslehre, extrem schwierig und nervenaufreibend. Wichtiger aber für Luther: Die Unterscheidung der Extreme ist Teil des Kampfes gegen den Teufel. Der Teufel will, dass der Mensch alt und neu, Adam und Christus (Römer 5), Sünder und Gerechter verwechselt und sich verwirrt, sich selbst *teilweise* als Sünder und *teilweise* als Gerechter betrachtet. Warum? Weil der Teufel nicht will, dass man alles auf Christus in seiner Rolle als „Exklusivmittler" setzt. Wenigstens ein Teil der Gerechtigkeit soll doch die eigene sein, eine Abhängigkeit von der Leihgabe Christi Gerechtigkeit ist nicht wünschenswert. Der Teufel will, dass der Mensch denkt, sein Leben mache sukzessive Fort-

schritte, dann mal wieder Rückschritte, entwickle sich dann aber wieder fort und so weiter – wie in einer Art religiösen Achterbahn der Begeisterung. Man bringt jemanden am besten dadurch durcheinander, dass man ihm das Gesetz vor die Nase hält und fragt: „Wie läuft's denn so? Jetzt, wo du bekehrt, gerettet, verändert worden, ein Christ geworden bist, oder was du auch immer unter ‚neu' verstehst?" Luther fand die Antwort auf solch falsche Fragerei bei Paulus, der erwiderte: „Für dich bin ich gestorben, Gesetz!"

Warum ist das so schwer zu verstehen? Der Tod ist schlimmer als gedacht. Er ist nicht nur Atemstillstand und Rückkehr in den unendlichen Kreislauf von Leben und Tod; zu sterben bedeutet, sich Gottes *letztem Gericht* hier und jetzt zu stellen – bevor man dafür bereit ist. Dann erweisen sich die Träume, am letzten Tag mit einem guten Zeugnis von Gott davonzukommen oder auf ewig der Taten auf Erden gedacht zu werden, als Täuschung. Der Tod ist aber auch die Hoffnung auf ein neues Leben, auf die Auferstehung der Toten, das schon *im Glauben* anbricht – jedoch nur dort. Paulus behauptet sogar, dass wir „täglich sterben", und Luther schreibt in seinem *Kleinen Katechismus,* dass darin die anhaltende Bedeutung der Taufe für das ganze Leben auf Erden liege:

> Es bedeutet, dass der alte Adam in uns durch tägliche Reue und Buße soll ersäuft werden und sterben mit allen Sünden und bösen Lüsten, und wiederum täglich herauskommen und auferstehen ein neuer Mensch, der in Gerechtigkeit und Reinheit vor Gott ewig lebe.[47]

Das neue Leben ist ein fremdes. Es ist außerhalb des alten „Ich". Jesus kommt nicht und reinigt dich innerlich, um deine äußere alte Schale zu benutzen, oder entfernte alles außer einem Minifunken des freien Willens. Er kommt, um das alte „Ich" zu töten und Neues zu schaffen. Das wiederum befreit dich vom Gesetz als deiner Identität. Solche Behauptungen mögen erst einmal Angst hervorrufen. Man stelle sich die Tragik, aber auch die Komik, eines Predigers vor, der auf jemanden stößt, der mit fester Überzeugung an den Werken und am Gesetz anstatt an Christus hängt:

PREDIGER: Du bist gestorben.
SÄNGER: (eintönig) Ja gut, aber was ist dann der Sinn meines Lebens?
PREDIGER: Das Gesetz ist vergangen.
SÄNGER: (eintönig) Ja gut, aber wie erkenne ich dann, dass ich mich fortentwickle?
PREDIGER: Christus ist für dich gestorben.
SÄNGER: (eintönig) Und was ist meine Rolle? Was soll ich tun?
PREDIGER: Du bist kein Knecht mehr, sondern ein freier Erbe.
SÄNGER: (eintönig) Was aber, wenn ich kein Knecht sein und meinen freien Willen verlieren will?
PREDIGER: Du bist aber schon gestorben, kannst du dich nicht erinnern? Christus ist alles in allem.
SÄNGER: (eintönig) Und was ist, wenn ich nicht sterben will?
PREDIGER: Zu spät.

So erklärte Luther seinen damaligen Studenten die Stelle in Galater 2,19–20 (wohl wissend, dass ihnen dabei die Kinnlade herunterfallen würde):

> Oben hatte Paulus gesagt: „Ich bin gestorben –." Das könnte ein Böswilliger leicht so verspotten: Was sagst du, Paulus? Du bist tot? Wie kannst du so reden und schreiben? Und ein Schwacher im Glauben konnte auch leicht Anstoß nehmen und fragen: Was redest du? Sehe ich dich nicht leben und handeln? Paulus antwortet: „Ich lebe schon, aber nun nicht ich, sondern Christus lebt in mir." Es ist da ein zweifaches Leben: Mein natürliches oder leiblich beseeltes Leben und das fremde Leben, das Christus in mir

> lebt. Nach meinem leiblich beseelten Leben bin ich tot und ich lebe schon ein fremdes Leben. Ich lebe nicht als Paulus, Paulus ist tot. Wer lebt dann also? Der Christ. Paulus, der in sich ganz durchs Gesetz lebt, ist tot; aber als in Christus oder besser, sofern Christus in ihm lebt, lebe ich mit einem fremden Leben, denn Christus lebt in mir, wirkt und übt alle Taten. Das gehört nicht zum Paulusleben, sondern zum Christusleben.[48]

Luthers berühmte Vorlesungen zur Bergpredigt gehen in die gleiche Richtung: Auf jeder Stufe gibt es ein „Paulus-Leben" und ein „Christus-Leben". Du hast ein Weltleben (alt) und ein Glaubensleben (neu) – beide sind vollkommen und überlappen sich gegenwärtig, trotz extremer Distanz voneinander. Das neue ist ein fremdes Leben, das den Menschen mit Christus vermählt und vor Gott gerecht macht, während das alte damit zu kämpfen hat, vor anderen Leuten nach Gottes Gesetz gerecht zu sein. Luther dazu spitz:

> Er [Paulus] sagt, das sei nicht sein Leben und er lebe nicht nach diesen Dingen; er gebrauche zwar diese fleischlichen Dinge, aber lebe ihnen nicht, wie die Welt aus dem Fleisch und gemäß dem Fleisch lebt; sie kennt ja auch nicht und hofft nicht außerhalb dieses fleischlichen Lebens ein anderes.[49]

Dieses einfache Statement bedeutet das Ende aller Metaphysik und Ontologie, ein Ende, das die postmodernen Philosophen schon lange suchen. Luther spricht einfach vom alten Leben – *was immer es sei.* Wer war ich, bevor ich glaubte? Schwer zu sagen. Vom neuen Leben aus betrachtet scheine ich ein ziemlicher Narziss gewesen zu sein, ein Nabelschau treibender Theologe, der verzweifelt in sich selbst gekrümmt war *(homo incurvatus in se).* Was und wer auch immer ich war, mein „alter Adam" gehört der Vergangenheit an. Auch wenn man selbst und andere es gerne leugnen oder sich schön reden: Das offensichtlichste Merkmal des alten Lebens ist, dass letztlich alles

und jeder stirbt. Das Christus-Leben aber ist voller *Hoffnung*. Das einzige „Ich“ mit Zukunft. Selbst, wenn du es noch nicht siehst. Egal! Bevor du geboren wurdest, wusstest du auch nicht, wie du aussehen würdest; aber das war noch lange kein Grund, dich nicht auf die Welt zu bringen.

Knecht aller: Ein guter Baum bringt gute Früchte hervor

Im zweiten Teil der *Freiheit eines Christenmenschen* fragt sich Luther: Was soll ich jetzt tun, da mich der Glaube an Christi Verheißung schon (vorzeitig, wie's scheint) gerechtfertigt hat? Er ändert keineswegs die Richtung oder lässt Christus links liegen, um zu den guten Werken zu schreiten, sondern zieht mit einer Metapher aus Matthäus 7,17 folgende Schlussfolgerung: Nun, da du zu „einem guten Baum“ herangewachsen (d.h. durch den Glauben vor Gott gerecht) bist, kannst du gute Früchte bringen. Aus dem Glauben entspringt die Liebe, auf so natürliche Art wie ein guter Feigenbaum gute Feigen hervorbringt. Das ist eine klare Ansage, eine faktische Behauptung, so

Luther, keine Motivationsrede für den freien Willen oder dergleichen; eine Beschreibung dessen, was Gott mit den Sündern, die sich um das Wort des Predigers versammeln, zu tun verheißen hat.

Luthers Beschreibung der Freiheit steht nicht nur im Widerspruch zu dem, der sein Glück auf eigene Faust zu finden glaubt, sondern distanziert sich auch von der Utopie der Gleichheit aller vor dem Gesetz. Das freie Leben wird außerhalb des Menschen in Christus gelebt, und zwar durch das Festhalten an der nackten und so einfachen Verheißung: „Wenn euch nun der Sohn frei macht, seid ihr wirklich frei." (Johannes 8,36) Ein wahrhaftig freier Herr wird freiwillig zum Knecht aller, ganz spontan und natürlich. Luther bemühte gern Bilder aus der Biologie wie das vom guten Baum, der gute Früchte hervorbringt. Das Bild vom monotonen Singen des Gesetzes ist längst nicht so plastisch. *Muss* der Baum gute Früchte produzieren? Was, wenn er das nicht will? Hat er die Freiheit, nein zu sagen? Dem Glauben werden diese Fragen jetzt dumm und „fruchtlos" erscheinen. Die Schrift tue genau das Gegenteil von der aristotelischen Definition von Ethik. Gute Werke machten eine Person nicht gut; eine gute Person tue schlicht gute Werke.

So wie sich Christus deiner angenommen hat, wirst du dich deines Nächsten annehmen. Im Glauben lebst du nicht in deinem alten Ich, sondern in Christus; und in den Werken, die Gott durch dich für deinen Nächsten wirkt, lebst du auch nicht in dir selbst, sondern in anderen, in deren Dienst du dich stellst. Es mag dir so vorkommen, als würdest du zerrissen und aufgeteilt; wenn aber der Sinn des Lebens nicht darin liegt, nach dem Gesetz gerecht zu werden, ist es eher ein Gewinn als ein Verlust, sich selbst dahinzugeben, „denn wer sein Leben erhalten will, der wird es verlieren; wer aber sein Leben verliert um meinetwillen, der wird's erhalten." (Lukas 9,24)

Die Vorstellung, Knecht aller und gleichzeitig Heiliger in dieser Welt zu sein, ermöglichte Luther einen komplett neuen Lebensstil. Zu seiner Zeit teilten sich Christen in zwei Gruppen auf. Entweder man gehörte zu den „Normalos“ oder zu den „Religiösen“. Letztere waren irgendwie „heilig“. Sie grenzten sich vom Rest der Gesellschaft ab und schafften es, ihre körperlichen Begierden abzutöten. Verzicht auf Sex, selbst in der Ehe, stand in ihrer Werteskala höher als Spaß im Bett. Eines schien jedoch klar: Eine Gesellschaft, in der mehr Mönche als Kinder lebten, schien zu spirituell Höherem berufen. Die Kirche entwickelte einen „Perfektionierungskanon“, dessen Kern Ratschläge wie „wenn dich jemand auf deine rechte Backe schlägt, dem biete die andere auch dar“ (Matthäus 5,39) und andere Worte Jesu aus der Bergpredigt beinhaltete, der aber streng genommen nur den asketischen Profis auf der höchsten Heiligkeits(karriere)stufe galt. Das Szenario war klar: Sünder stellen das auf den Kopf, was Gott eigentlich für ihr Leben gedacht hat. Sie wollen unabhängig sein, sie wollen nach ihren eigenen Gesetzen leben.

In Luthers Zeit verbreitete sich eine weitere Gruppierung „mönchshafter“ Reformer: die sog. Anabaptisten (Wiedertäufer), die glaubten, ein Christ könne seine „Heiligkeit“, seine besondere spirituelle Begabung, nur durch Distanzierung von öffentlichen Ämtern, Ablehnung von Privateigentum und Vorantreiben des Pazifismus schützen. Letzterer galt als höhere Form des christlichen Lebens. Die Anabaptisten ignorierten aber die bei Luther fundamentale Unterscheidung von Gottes geistigem, in der Predigt anbrechenden Reich und dem alten gesetzesbeherrschten Erdenreich. Der Reformator hatte das Gefühl, dass sie sich verrannten; sie verwechselten die beiden Arten der göttlichen Rechtfertigung: die eine, die dem Nächsten galt *(coram mundo)*, mit dem Heil aber nichts zu tun hatte, und die andere vor Gott *(coram Deo)*, die den Menschen gerecht macht. Sowohl die römischen als auch die wiedertäuferischen religiösen Bewegungen zeichneten sich durch Abkehr von der Welt ab. Diese sollte zu einer Form von Heiligkeit führen, die den Einzelnen von der Masse der Menschheit unterschied und damit (angeblich) besser machte. Diese vermeintliche Heiligkeit der Elite war auf Sand gebaut. Sie fußte auf von Menschen erfundenen Phrasen, die den Worten Gottes (wie „Seid fruchtbar und vermehret euch", „Selig sind die, die hungern und dürsten nach Gerechtigkeit" oder etwa „Unterwerfe dich den regierenden Autoritäten ... der Gottesknecht breche den Stab über den Übeltäter") Konkurrenz zu machen suchten, diesen aber eklatant widersprachen.

Statt sich auf Geburt oder Tod als Momente potentieller Heiligkeit zu konzentrieren, erlebte es Luther, wie es war, *mitten im Leben* heilig zu sein und entdeckte, dass Gott genau das wollte. Mit Hilfe seines Gesetzes (der gesündesten Lebensweisheit) untersuchte er die verdrehten menschlichen Formen falscher Spiritualität und erforschte, wie sich Gott ein normales Leben vorstellte. Heiraten, Kinder kriegen, predigen, Verantwortung übernehmen für das Wohl anderer, dem Bösen widerstehen – das sind die Dinge, für die Menschen mitten in ihrem Leben bestimmt sind (und nicht etwa christliche Kommunen bilden oder Gelübde ablegen, um durch höhere Spiritualitätsübungen der Welt zu entfliehen).

Luther beobachtete, was Menschen zum Leben benötigten: von den Schuhen an den Füßen und einem Dach über dem Kopf zu gesunder Ernährung für den Körper. Im Familienverbund wird für solche Dinge gesorgt. Gott gibt den Kindern über ihre Eltern die Dinge, die sie zum Leben brauchen. Gott verheißt sogar, dass diese Dinge im Überfluss da seien, wenn sein Gesetz erfüllt würde: d.h. wenn Eltern ihre Kinder lieben und diese ihre Eltern respektieren. Zu einem guten Leben gehört also eine Familie, die damit beginnt, dass sich Mann und Frau in der Zeugung eines Kindes auf eine Art kooperativen Schöpfungsakt mit Gott einlassen. Dadurch wird die Sexualität zu einer heiligen Angelegenheit. Die Familie ist die originäre Versorgungsquelle des Lebens.

Luther machte einen weiteren von Gott vorgesehenen *Stand,* den kirchlichen bzw. geistlichen Stand, aus, dem Gott durch direkte *Ansprache* kommunizierte, was er mit ihm vorhatte. Die Anfänge der Kirche gründeten nicht allein in Pfingsten oder dem letzten Abendmahl und beschränkten sich nicht auf „Christen“ allein, sondern entsprängen dem göttlichen Schöpfungsakt, in dem Gott Adam und Eva gab, damit sie zu ihm beten konnten. Dort, zu Beginn der Beziehung zwischen Geschöpf und Schöpfer, nimmt auch das Predigtamt seinen Anfang. Der erste Prediger war Gott selbst, und die erste „Predigt“ war eine ganz simple: „Du darfst essen von allen Bäumen im Garten, aber von dem Baum der Erkenntnis des Guten und Bösen sollst du nicht essen“ (Genesis 2,16–17). Der Ursprung der Kirche ist das Wort Gottes. Dieses verbindet sich mit dem Predigtamt, das, von Adam und Eva ausgehend, von Generation zu Generation weitergegeben wird.

Gottes *ways of life,* in dem Familie und Kirche einen festen Platz haben, übergeben weder der Kirche die Macht, über die Familie zu herrschen, noch andersherum. Als Luther das verstand, war ihm klar, dass man auch die Ansprüche der Kirche, die Ehe zu regulieren und die Regierung zu kontrollieren, zurückweisen und anders-

herum auch die Versuche der Regierung, die Kirche zu beherrschen, unterbinden musste (die Weiterentwicklung dieses Gedankens wurde später „Zwei-Reiche-Lehre" genannt). Schließlich wurde das zum (zugegebenermaßen etwas einseitigen) Konzept für die Trennung von Staat und Kirche. Auch der Staat muss aber aufhören, seine eigene Religion zu schaffen und die Menschen dazu zu zwingen, in seinem Kult die falschen Götter anzubeten. Eigentlich geht es aber darum, zu erkennen, wo und wie das Gesetz richtig zur Anwendung kommt und wo es aufhört, Gesetz zu sein.

Brisanterweise hatten Gottes *ways of life* das Papstamt gar nicht vorgesehen. Der Mensch hatte es erfunden, entdeckte Luther. Über das Papstamt versuchten die Menschen, jede einzelne der von Gott selbst eingesetzten Stände – Kirche, Familie und Staat – für sich einzunehmen und zu beherrschen. Daraus entwickelte sich eine gefährliche künstliche Tradition, die viele Menschen mit ihren endlosen Gesetzesverkündigungen zur Betonung der eigenen Macht unnötig verwirrte. Auch dem weitläufigen Versuch vieler Christen, sich in der Abkehr von der Welt und des Bösen zu üben und eigene Formen von Heiligkeit zu erfinden, widersetzte sich Luther.

Leider konnte Luther nicht viel mehr über Gottes Welt und den wahren Gottesdienst vor der Sünde sagen, weil die Menschen in Familien- und Kirchenangelegenheiten einfach nicht besonders gut abschnitten. Von Anfang an wurden der Stand der Familie und der geistliche Stand bekämpft und verletzt. Man erinnere sich an die Missachtung des Gesetzes Gottes durch Adam und Eva. Ihr erster Sohn Kain setzte die Sünde fort, beleidigte erst seine Eltern und zerstörte schließlich die ganze Familie durch den Mord an seinem Bruder Abel. Zur Kontrolle des Bösen und für den Dienst am Nächsten bestimmte Gott, dass es eine Regierung für die größere „Gesellschaftsfamilie" geben solle: „Jedermann sei untertan der Obrigkeit, die Gewalt über ihn hat. Denn es ist keine Obrigkeit außer von Gott; wo aber Obrigkeit ist, die ist von Gott angeordnet." (Römer 13,1) Luther war davon überzeugt, dass diese Obrigkeit eingesetzt worden war, weil Gott gesehen hatte, wie sich die Menschen in ihrer Suche nach anderen Worten in der Sünde verstrickten und nicht mehr geradeaus gucken konnten. Weil sie Kirche und Familie zerstörten, etablierte Gott die grundlegende, eingeschränkte Institution der zivilen Regierung, die Vernunft und die Macht des „Schwerts" einsetzte, um das Böse dieser (alten) Welt zu bekämpfen. Luther lobte die Vernunft und den menschlichen Willen, dort die Macht richtig auszuüben, wo die Dinge der Gesetzesgewalt unterstellt sind.

Gott sanktioniert und übt über Eltern, Polizei und militärische Autorität Macht aus, Gesetze zu erlassen und durchzusetzen. Diese Macht kann Gewalt und Aggression an sich jedoch nicht ganz ausrotten. Sie kann auch das Ziel der Gewalt, den Tod, nicht besiegen, da sie nicht in der Lage ist, die Macht des Teufels zu unterbinden oder unser eigenes sündhaftes Selbst zu bezwingen. Die allgemeine Unsicherheit über Einsetzungsmodi und Grenzen dieser Gesetzesmacht lässt die Kirchenleute gerne mal zwischen den Extremen, zwischen Pazifismus und Anarchismus, hin- und herpendeln. Solche Leute entwickeln dann eigene Gründe für die Notwendigkeit, Gottes gerechtes Reich auf Erden zu errichten, gegebenenfalls mit Gewalt.

Das Gesetz spiegelt das Leben schon recht genau wider. Ob uns der *common sense* sagt, was wir zum Leben brauchen, oder ob wir diese Information steinernen Tafeln entnehmen, wie sie damals Mose seinem Volk in der Wildnis überbracht hat – die Botschaft lautet: Gott will, dass wir ihm in Ehrfurcht, Liebe und Vertrauen begegnen und das Verhältnis zum Nächsten, egal, ob Feind oder Freund, liebevoll gestalten.

Wie sieht's aus? Befolgst du das? Das Gesetz hat schon Recht, das muss man zugeben, es stößt aber auch schnell an eine Grenze – es kann *dir* nicht *geben,* was es *von dir* verlangt. Es beschreibt dein Leben, aber trägt nicht Sorge dafür; es fordert, aber gibt nicht zurück. Im *Großen Katechismus,* dem „Lehrerhandbuch" zum *Kleinen Katechismus,* konstatiert der Reformator, dass die Anforderungen so hoch gesteckt seien, dass alles menschliches Vermögen zusammen noch zu kümmerlich und schwach wäre, ihnen gerecht zu werden. Wenn du deine Feinde lieben und Gott in allem loben willst, was dir im Leben widerfährt, bedarf es wohl mehr als dass sich ein Hebel in deinem Kopf umlegt oder du dir gute Vorsätze zum Jahreswechsel machst. Es bedarf eines Persönlichkeitstransplantats, eines „neuen Herzens", wie die Bibel schreibt. Du musst getötet und wieder zum Leben erweckt werden.

Berufung

Rechtfertigung durch Glauben in Christus bedeutet, dass du plötzlich neue *Zeit* hast, die nicht von der Versteckspielreligion besetzt ist, und neuen *Raum* für dich und verschiedene Wege, anderen zu helfen, die dir aufgrund deiner *Berufung* im Leben begegnen. Sobald dir Christus tröstende Worte zuspricht, nimmst du auch deinen „Nachbarn“ (wir würden heute einfach „den anderen“ sagen) deutlicher wahr. Es kann natürlich passieren, dass deine „innere Statikabteilung“ Zweifel an dieser Nächstenliebe anmeldet und sich fragt, ob es überhaupt gut ist, anderen zu helfen; und schon wird Gott zum Verstummen gebracht.

Dann aber zeigt sich ein noch klareres Bild von Gottes Welt. Gott hat nicht darauf gewartet, dass du an seinen Sohn glaubst, bevor du gute Werke und Taten der Nächstenliebe (einschließlich der Feinde) ausführst. Sobald das Gesetz aus deinem Gewissen vertrieben ist, setzt es sich endlich an dem Platz nieder, an den es gehört, und wirkt sich von alleine auf dein gesellschaftliches Leben mit anderen aus, dessen wertvolles Beziehungsnetz dir gut tut.

„DANKEN UND LOBEN, IHM DIENEN UND GEHORCHEN“

Gott war immer schon schwer beschäftigt. Von Anfang an wirkt er für andere und zur Begrenzung des Bösen durch dich Gutes. Dafür bedient er sich des Gesetzes. Der Glaube nimmt Gottes Wege schrittweise vorweg und lässt uns Verbindung zu anderen aufbauen. Selbst die Schöpfung ist darauf angelegt. Kaum jemand wird einem näher sein als der eigene Partner, der einen braucht. In der Ehe opfern sich Mann und Frau auf, ohne Verpflichtung, aber aus Liebe – mit der Folge, dass sie sich selbst auf neue Art wiedergewinnen. Das bedeutet nicht, dass einer zur Fußmatte wird, die der andere missbrauchen kann. Luther sprach von dem tatsächlichen *Bedürfnis* anderer und nicht von der Kontrollgeilheit oder dem Herrscherzwang, mit dem Gottes Wort erdrückt wird. Gott setzt die Menschen gezielt für seine eigenen Ziele in der alten Schöpfung ein. Er macht sie für einander nützlich. *Berufung* bedeutet, dass Gott den Menschen aus seiner inneren Selbstschutzhöhle herausruft, in die reale Welt, wo er gebraucht wird.

Am Vorabend des Bauernaufstands und diverser Todesandrohungen durch Papst und Kaiser heiratete Luther die Ex-Nonne Katharina von Bora (der er mit einem Fass bei der Flucht aus dem Kloster geholfen hatte). Luther setzte dem Druck des kosmischen Zusammenpralls der Geister und der ihm durch das Kloster gesteckten religiösen Leistungsziele einfach ein Ende. Endlich fing er an, auf das Wort Gottes zu hören, das sich ihm seit Beginn seiner Mönchskarriere in den Weg gestellt und sein Leben „gestört“ hatte. Der Vater Hans Luther hatte seinen Sohn schon früh gemahnt, „fruchtbar zu sein und sich zu ver-

mehren“, aber dieser hatte Ehe und Familie in seinem religiösen Eifer bislang gering geachtet. Das Wort Christi von der Vergebung aller Sünden stellte seine Welt jedoch auf den Kopf. Anstatt krampfhaft zu versuchen, eine Art Übermensch zu werden, wurde er endlich frei; frei, er selbst zu sein: Martin Luther, Kirchenlehrer, Sohn, Ehemann und Vater. Gott stellte ihn an den Platz, an den er gehörte, damit er in dieser Welt seine Heimat finden und daraus eine machen konnte, die auch andere willkommen hieß. Plötzlich begriff Luther, dass das Leben keine Verfolgungsjagd war, und es nicht darum gehen konnte, der Wahrheit oder Frömmigkeit oder irgendeinem verrückten Versteckspiel nachzujagen. In dem Leben, das Gott für ihn wollte, ging es um „banalere“ Dinge: Windeln wechseln, Vorlesungen halten, predigen und die vom Glauben an Gottes Zorn und dem Gesetz gequälten Seelen trösten.

Was hätte Luther besseres einfallen können als zu heiraten? Damit punktete Gottes neues Reich, des Teufels Raserei wurde entfacht, und Papst und Bischöfen wurde eins ausgewischt. Der Reformator begann, sich und sein Leben an den Berufungen der täglichen, gottgefälligen Beziehungen zu orientieren: der Ehe, der Elternschaft, der Lehre, der Predigt vor der Gemeinde und der Bekämpfung von Schwarmgeistern römischer und spiritualistische Provenienz. Die Kunst der Unterscheidung zwischen Gesetz und Evangelium, Forderung und Verheißung, wurde zum Inhalt seiner Briefe, seiner Gespräche mit Freunden beim Abendessen, seiner Vorlesungen in der Universität, seiner Predigten und seiner Ratschläge zu den ständigen Zwistigkeiten in Kirche und Gesellschaft (ein Anzeichen dafür, dass diese böse Welt und ihr böser Prinz in ihren letzten Zügen lag). Denn in diesen wenigen Worten „Christus vergibt deine Sünde“ findet sich der Schöpfer. Darauf soll der Mensch vertrauen, da Gott selbst in den tiefsten Niederungen unseres menschlichen Seins mit uns ist. Und so entdeckte Luther – *Sünder* in sich selbst, Eroberer und *Gerechter* in Christus und seinen Nachbarn so *nützlich* –

die bemerkenswerte Freude des christlichen Glaubens unter dem Kreuz für sich neu, während die alte Welt fortbestand. Da spürte er, was es wirklich heißt, geistig und weltlich zugleich zu sein – Herr über alle und Knecht aller.

Kapitel 12

Ruhm und das Kreuz

Luther war der erste „Tellerwäscher“ (kein König oder Messias, Feldherr oder Bischof), der es zu großem Ruhm gebracht hatte. Mit dem Aufkommen des Buchdrucks erfuhren Luthers bahnbrechende Schriften eine rasante Verbreitung, und er hat viel geschrieben! Seine „Prominenz“ verdankte sich auch der Tatsache, dass ihn die großen Mächte seiner Tage, das Römische Reich und der Vatikan, exiliert hatten und ihm mit dem Tod am Scheiterhaufen drohten. Am bekanntesten machte den Reformator aber seine einfache, bis heute kontrovers diskutierte, Lehre von der Rechtfertigung aus Glauben allein und der Berufung für den Dienst am Nächsten. Luther redete nicht um den heißen Brei herum, sondern zog es vor, die Dinge direkt beim Namen zu nennen. Mit fester Entschlossenheit wollte er dem entsprechen, zu dem Gott ihn berufen hatte – Martin Luther, Professor der Bibel, gleichzeitig Prediger, Ehemann und Vater, Freund und Kind. Was passiert, wenn jemand tatsächlich seiner Berufung folgt, zeigt seine Biographie.

Ruhm ist ein zweischneidiges Schwert. Es machte Luther zum verschmähtesten und verhasstesten Menschen seiner Zeit, weil er mit festen Traditionen brach und gängige Lehren in Kirche und Gesellschaft auf den Kopf stellte. Für seine Feinde war er ein siebenköpfiges Monster, für seine Freunde ein Prophet und geliebter Lehrer. Als sein Wittenberger Kollege Philipp Melanchthon von Luthers Tod erfuhr, beweinte er den Helden. Er nannte ihn „unseren Elia", der Gott in seiner Verschmähung aller anderen Götter außer dem Mann Jesus Christus nicht hätte treuer sein können. Luther war ein „Bekenner", ein wahrhaftiger Sünder, dessen Zeugnis für Christus ihm die Verfolgung durch Gesellschaft und Kirche einbrachte. Er lebte und starb als verbannter Verbrecher (das Heilige Römische Reich und der Vatikan hatten ihn schon lange exkommuniziert). Grund war sein unnachgiebiges Festhalten an der einen für Bibel, Kirche und Glauben zentralen Wahrheit, die er laut und öffentlich proklamierte: *Gott ist gerecht, er macht seine Verächter zu geliebten Kindern durch Jesus Christus, der ihretwegen gestorben ist.* So steht's in der Bibel, darum geht's im christlichen Gottesdienst – und im Leben. Warum aber verursachte eine simple Lehre so viel Aufruhr und Gewalt in Kirche und Welt? Kurz: Die Rechtfertigung aus Glauben allein nimmt den Menschen ihre hoch geschätzten, über Generationen überlieferten Traumvorstellungen von sich selbst und von Gott, und jeder, der Christus ernst nimmt, wird mit dem konfrontiert, was Luther „den großen Tod" nannte. Ohne Vertrauen in das Wort Gottes wird dieser unendlich zornig. In Christus folgt auf einen ereignisreichen Tod eine ebenso ereignisreiche Auferstehung – dessen Heiliger Geist den Menschen neu erschafft, frei, vergeben, geliebt und topp lebendig.

Luther war ein Mann, dem Jesus Christus ständig auf den Lippen lag. So fromm das klingen mag: Er entdeckte, was passiert, wenn man seinen Mund öffnet und Christi Verheißung herauskommt – da bricht die Hölle aus. Aber eine positive. Genau betrachtet sind doch vor allem die religiösen Legalisten sauer, dass Christus Sünder rettet, die keine guten Werke vorzuweisen haben. So wie sich die Pharisäer über Christi Vergebung entrüsteten, glaubten sich die römischen Verfechter des Gesetzes angegriffen. Sie meinten, Luther sei ausgebrochen wie „ein wilder Hirsch". Er hebelte die christliche Kirchenordnung aus und zerstörte lang Eingeschliffenes. Schon früh entschied die Kirche, dass sie Luther loswerden musste, aber, wie die Geschichte gezeigt hat, kam alles anders als gedacht. Bis zum heutigen Tag tragen die Lutheraner, die Kirchen lutherischer Tradition, weltweit seinen Namen. Auch wenn Luther ursprünglich keine eigene Kirche aufbauen wollte, freute es ihn natürlich, Kirchen zu errichten, die durch nichts anderes bekannt sein wollten als durch das öffentliche Bekenntnis zu Christi Verheißung der Sündenvergebung als der einzigen Art, wie Gott Sünder gerecht macht. Als evangelisch wurden sie bekannt, weil sie nicht nur eingleisig auf das Gesetz setzten, sondern im Zusammenklang von Gesetz *und* Evangelium dachten und das Evangelium in den Vordergrund stellten.

Der eigentlich bescheidene Mönch aus Sachsen revolutionierte die Welt. Seine Schriften, Vorlesungen und Predigten traten das los, was Historiker heute nüchtern als *Reformation des 16. Jahrhunderts* bezeichnen. Was Luther selbst viel wichtiger war: Er hatte es nicht nur geschafft, den Lauf der Geschichte maßgeblich zu verändern, sondern hatte diesen auch permanent mit der gepredigten Verheißung Christi *für dich* (obwohl du dich Gott vielleicht noch widersetztest!), mitten im Leben, zu unterbrechen vermocht. Was darauf folgte, war Chaos für die einen, eine wunderbare neue Schöpfung für die anderen – Gottes Version eines etwas eigenartigen Humors im Herzen des Lebens: „Was töricht ist vor der Welt, das hat Gott erwählt; und was schwach ist vor der Welt, das hat Gott erwählt, damit er zuschanden mache, was stark ist." (1 Korinther 1,27) So ließe sich Luthers Leben zusammenfassen. Es endete mit derselben Art von Erklärung, die er in Paulus' Brief an die Korinther fand: „Durch ihn aber seid ihr in Christus Jesus, der uns vor Gott gemacht ist zur Weisheit und zur Gerechtigkeit und zur Heiligung und zur Erlösung, damit, wie geschrieben steht (Jeremia 9,22f): ‚Wer sich rühmt, der rühme sich des Herrn!'" (1 Korinther 1,30f)

1546 starb Luther. Ein hinterlassender Zettel schließt mit dem Fazit: „Wir sind Bettler. Das ist wahr." Zum Zeitpunkt seines Todes war sein Ruhm erloschen und der Mensch Luther selbst total ermattet. Außer sich in seinem Herrn Jesus Christus zu rühmen, blieb ihm nichts übrig. Für Luther aber hätte es nichts Großartigeres geben können.

Anmerkungen

1 WA 7:838 (Verhandlung mit D. Martin Luther auf dem Reichstag zu Worms 1521).
2 WA 1:233/LD 2:32.
3 WA 10 III:19.
4 Vom unfreien Willen 1525: LD 3:156.
5 Kleiner Katechismus (1529): WA 30 I:243ff.
6 WA 52:30.
7 WA 52:34.
8 WA 52:36.
9 Vgl. WA Tr 5:210: „Aber wo ich das discrimen fande, quod aliud esse les, aliud euangelion, da riß ich her durch."
10 Vgl. WA 54:180.
11 Vgl. WA 54:185.
12 Brief an Kaspar Müller, 24. November 1534 (WA Br. 7:117).
13 Gnosis bezeichnete in der griechischen Tradition die Erkenntnis überhaupt. Im heutigen Sprachgebrauch steht Gnosis und Gnostizismus für das systematisch gefasste, nur wenigen Auserwählten zugängliche göttliche Geheimwissen in esoterischen Religions- und Weltanschauungsgemeinschaften mit einem streng dualistisch geprägten Weltbild. Die vermutlich erste gnostische Bewegung trat etwa gleichzeitig mit dem frühen Christentum in der alten Mittelmeerwelt und in Vorderasien auf.
14 Vgl. WA 30 II:465.
15 Nach WA 40 II:192ff.
16 WA 40 I:264–265.
17 Vgl. 52:30f.
18 Etymologisch mag interessant sein, dass das in dem entsprechenden biblischen Passus verwandte Wort griech. *metanoia* Sinnesänderung, Umkehr, Buße bedeutet (Anm. d. Ü.).
19 Die Schmalkaldischen Artikel, III. Teil (1537), in: BSLK, 446.
20 Streng genommen gab es für Luther nur die beiden Sakramente Taufe und Abendmahl, aber auch die Buße zählte für ihn zu den von Jesus selbst eingesetzten sakramentalen Zeichen.
21 Vgl. WA 2:719.
22 Vgl. WA 40 II:327.

23 Martin Luther, Vorlesung über den Römerbrief 1515/1516, Lt.-dt. Ausgabe, Bd. 2, Darmstadt 1960, 99.
24 Martin Luther, Vorlesung über den Römerbrief 1515/1516, Lt.-dt. Ausgabe, Bd. 2, Darmstadt 1960, 107.
25 Ebd.
26 WA 40 I:259–260.
27 Vgl. WA 39 I:350.
28 Vgl. WA 7:53/LD 2:252.
29 Vgl. WA 39 I:350.
30 WA 40 I:79.
31 Wie in dem Film *Die letzte Versuchung Christi* von Martin Scorsese.
32 Heinrich Denzinger, Enchiridion symbolorum definitionem et declarationum de rebus fidei et morum/Kompendium der Glaubensbekenntnisse und kirchlichen Lehrentscheidungen, verbessert, hg. von Peter Hünermann, Freiburg i.Br. u.a. [37]1991, 27.
33 Die Schmalkaldischen Artikel, II. Teil (1537), in: BSLK, 415f.
34 WA 50:608/LD 6:23f.
35 Kleiner Katechismus (1529), in: BSLK, 520.
36 Anselm von Canterbury, Cur Deus Homo/Warum Gott Mensch geworden, Lt.-dt. Ausgabe, Darmstadt 1956, 81 (Hervorhebg. v. Verf.).
37 Vgl. WA 40 I:439.
38 WA 40 I:435.
39 WA 10.1:19/Luthers Deutsche Bibel.
40 Vgl. WA 40 I:440.
41 Die Schmalkaldischen Artikel, III. Teil (1537), in: BSLK, 449.
42 Vgl. WA 40 I:59.
43 Vgl. WA 26:332.
44 Das griechische Wort für *Testament* und *Bund* ist das gleiche (diatheke).
45 Nach WA 40 II:214.
46 Vgl. WA 7:53.
47 Kleiner Katechismus (1529), in: BSLK, 516.
48 WA 40 I:287.
49 WA 40 I:288.

Literatur

Zitierte Primärliteratur

Im Sinne besserer Verständlichkeit und flüssigerer Lesbarkeit ist der Wortlaut der Primärtexte an einigen Stellen dem modernen Ton des Buchtextes angepasst. (Anm. d. Übers.)

Die Bekenntnisschriften der evangelisch-lutherischen Kirche, herausgegeben im Gedenkjahr der Augsburgischen Konfession 1930, Göttingen ^{12}1998 (BSLK).

Luther deutsch. Die Werke Martin Luthers in neuer Auswahl für die Gegenwart, hg. von Kurt Aland, 10 Bd., Göttingen ^{3}1961 (LD).

D. Martin Luthers Werke. Kritische Gesamtausgabe, Weimar 1883ff (WA).

Weiterführende Literatur

Bayer, Oswald, Martin Luther. Eine Vergegenwärtigung, Tübingen ^{2}2004.

Ebeling, Gerhard, Luther. Einführung in sein Denken, Tübingen ^{4}1981.

Joest, Wilfried, Ontologie der Person bei Luther, Göttingen 1967.

Lohse, Bernhard, Martin Luther. Eine Einführung in sein Leben und sein Werk, München ^{3}1997.

Lohse, Bernhard, Luthers Theologie in ihrer historischen Entwicklung und in ihrem systematischen Zusammenhang, Göttingen 1995.

MacCulloch, Diarmaid, Reformation. Europe's House Divided 1490–1700, London 2003.

Markschies, Christoph/Trowitzsch, Michael (Hg.), Luther – zwischen den Zeiten, Tübingen 1999.

McKim, Donald K. (Hg.), The Cambridge Companion to Martin Luther, Cambridge 2003.

Lienhard, Marc, Martin Luthers christologisches Zeugnis. Entwicklung und Grundzüge seiner Christologie, Göttingen 1980.
Loewenich, Walther von, Luthers Theologia Crucis, München [4]1954.
Mühlen, Karl-Heinz zur, Reformation und Gegenreformation, 2 Bd., Göttingen 1999.
Mühlen, Karl-Heinz zur, Reformatorisches Profil. Studien zum Weg Martin Luthers und der Reformation, Göttingen 1995.
Oberman, Heiko A., Luther: Mensch zwischen Gott und Teufel, Berlin 1982.
Pesch, Otto Hermann, Hinführung zu Luther, Mainz 1982.
Rublack, Ulinka, Die Reformation in Europa, Frankfurt a.M. 2003.
Schorn-Schütte, Luise, Die Reformation. Vorgeschichte – Verlauf – Wirkung, München 2000.
Schwarz, Reinhard, Luther, Göttingen [3]2004.
Suda, Max J., Die Ethik Martin Luthers, Göttingen 2006.

Register